L'HOMME ET SA DOUBLE ORIGINE

« *Spiritualités vivantes* »

DU MÊME AUTEUR
CHEZ LE MÊME ÉDITEUR

L'Esprit guide (Spiritualités vivantes, n° 50).

Le Centre de l'Être (Spiritualités vivantes, n° 104).

L'Expérience de la transcendance (Spiritualités vivantes, n° 125).

Dialogue sur le chemin initiatique, entretiens avec Alphonse Goettmann (L'Être et le Corps).

Karlfried Graf Dürckheim, textes et témoignages inédits, in *Question de* n° 81.

KARLFRIED GRAF DÜRCKHEIM

L'HOMME ET SA DOUBLE ORIGINE

Traduit de l'allemand
par Catherine de Bose

Albin Michel

Albin Michel
▪ *Spiritualités* ▪

Collections dirigées
par Jean Mouttapa et Marc de Smedt

AVERTISSEMENT

Voici un livre fort. Voici un livre où se communique l'expérience de toute une vie consacrée à scruter la vraie nature et la vraie destinée de l'homme, et à aider par une thérapie originale d'innombrables personnes victimes des déséquilibres de notre temps.

L'auteur vient de fêter en 1976 ses quatre-vingts ans. Sa notoriété, en Allemagne, n'a cessé de croître, grâce à une quinzaine d'ouvrages qui ont acquis une large diffusion en Europe. La caractéristique de ces ouvrages est de ne jamais séparer la question du sens de l'homme et les pratiques de sagesse qui permettent à chacun de se réorienter vers son être véritable. L'effort de réflexion y est toujours inséparable de la proposition d'une Voie initiatique, que K. von Dürckheim ne prétend nullement inventer, mais qu'il dégage simplement de ce qu'il y a d'universel dans les grandes sagesses occidentales et orientales.

En effet, philosophe de formation et, en particulier, fin connaisseur de Maître Eckhart, professeur de psychologie pendant plusieurs années aux universités de Leipzig puis de Kiel, passionné pour l'homme et pour son développement intégral, c'est au Japon, au contact du bouddhisme Zen, qu'à partir de 1937 il perçoit mieux les carences dont souffre l'humanité occidentale. Il sait désormais que la réintégration par l'homme occidental de cette part d' « Orient », qui lui est congénitale et inaliénable mais qu'il a laissée s'obnubiler au cours des siècles récents, est l'une des conditions de sa guérison.

L'ouvrage que nous présentons ici au public français constitue comme une petite Somme des pensées fondamentales de l'auteur. C'est en effet comme un résumé de toute son œuvre qu'il l'a originellement composé. Si certains lecteurs trouvent ardue la pensée plus philosophique du premier chapitre, nous leur conseillons de commencer directement par les autres chapitres, qui l'atteindront d'emblée au cœur des questions que le malaise de notre société l'amène à se poser. Il reviendra ensuite avec plus de fruit aux pages où K. von Dürckheim résume sa conception de l'homme, qui est celle d'une unité où il faut sans cesse réintégrer et réconcilier deux dimensions irréductibles que les destins respectifs de l'Orient et de l'Occident ont été de cultiver parfois trop séparément, mais que les impératifs de l'heure actuelle nous obligent à ne plus dissocier.

A.-M. BESNARD. o.p.

(1977)

LE THÈME

L'homme a une double origine : l'une céleste, l'autre terrestre ; l'une naturelle, l'autre surnaturelle. Nous connaissons tous cet axiome. Mais qui de nous le traite sérieusement comme l'expression d'une promesse, d'une expérience et d'une vocation ?

Personne ne met en doute l'origine « terrestre » de l'homme. Parler de son origine céleste, en revanche, c'est manifestement faire appel à la croyance ou aux convictions. Comme pour bien d'autres concernant des vérités premières, le sens de ce principe se perd dans l'ensemble d'une vision purement profane du réel et le demi-jour d'un monde plus ou moins imaginaire, qui n'a plus rien de commun avec la « réalité » telle que nous la concevons. Pourtant il s'agit de tout autre chose.

La réalité dans et par laquelle nous vivons en fait, où nous devrions vivre consciemment aussi, transcende celle où l'homme « naturel » se perçoit et se meut. Le principe de la double origine humaine exprime avec une simplicité et une clarté parfaites ce qui est et ce que l'homme est appelé à savoir. Privé de sa vérité intérieure, celle selon laquelle il doit vivre, il est malade, triste ou méchant.

L'origine finie, conditionnée par le monde, est seule active au début de l'évolution humaine. Ce qui la concerne est pris en considération, organisé, construit. La part que l'homme tient de son origine infinie se trouve ainsi rejetée dans l'ombre. Le thème fondamental de la vie humaine - et le but de la voie intérieure - est de résoudre la tension entre l'origine terrestre et l'origine céleste de l'homme. Il faut lui trouver une solution créatrice et non l'éluder par négligence.

Sa nature - et son destin - veulent que l'homme « mange le

fruit de l'arbre de la connaissance ». Mais il ne se contente pas de développer sa conscience rationnelle, il s'y arrête, s'y immobilise et s'exclut par là de l'unité primordiale de la vie. Cette scission le place dans une « réalité » que, à présent indépendant, il est obligé de maîtriser et d'organiser pour subsister. Son essence originelle, qui est en lui promesse, expérience et vocation innées, comme aussi manifestation du tout infini selon son mode individuel, lui est d'abord cachée. Il reste donc limité au savoir, au pouvoir et à l'activité de son moi existentiel, et ignorant de son Etre véritable. Pourtant la force du UN originel, noyau réel de son Etre essentiel, l'attire et l'amène à le retrouver et le manifester.

Lentement, pour devenir un être humain, l'homme se libère du pouvoir de la seule nature. Il se réalise d'abord dans le moi primaire, attaché à son plaisir et à sa sécurité, puis dans la « personnalité » qui domine les pulsions et les sentiments. Elle l'éveille au sens des valeurs qu'il devient alors prêt à servir. Mais tout ce que, devenu indépendant, l'homme accomplit par ses propres forces et sous sa propre responsabilité lui sera bénéfique dans la seule mesure où il reste en contact, conscient ou inconscient, avec l'unité originelle de la VIE présente en son Etre essentiel. Pour que cette vie devienne vraiment créatrice selon le mode humain, il faut que l'homme se découvre et renaisse par elle. Il doit ensuite s'en émanciper pour finalement lui rendre témoignage en toute liberté dans le langage de la condition humaine, par sa façon d'être et d'agir dans le monde.

Bien des gens trouvent à ces thèses une résonance « mystique ». Mais si hier encore on souçonnait ce mot de désigner un subjectif pur, irréel, déconcertant, peu sérieux - ou bien encore un privilège réservé à un petit nombre de gens exceptionnels et singuliers -, ceux qui de nos jours préparent l'avenir commencent à l'entendre tout autrement. Pour eux il évoque la réalité centrale de notre humanité.

L'anthropologie qui nous a dominés pendant des siècles se révèle trop étroite. Elle réduit la totalité de l'homme à ses cinq sens, sa raison, son appartenance à une communauté et sa fidélité aux valeurs et à l'ordre existentiels. Au-delà commence le « transcendant », qui est du domaine de la foi. Transcendant, certainement, dans la mesure où cet « au-delà » va plus loin que l'horizon du moi profane naturel. Mais il faut justement apprendre à admettre que l'essence même de l'homme dépasse cet horizon et que la transcendance, immanente en lui, constitue son Etre. Il y a encore autre chose à ajouter : cet Etre, cette transcendance qui nous habite, ne se situe plus sur le seul plan de la foi, ou de la croyance. Elle entre dans le domaine de l'expérience et devient connaissance. Quand cela survient, les esprits sont divisés. Et ainsi commence une ère nouvelle.

Une nouvelle génération s'apprête à forcer l'accès à une vie venant de l'ETRE qui pénètre maintenant sa conscience. Cela se passe en ce moment, dans un univers perverti et corrompu par son éloignement de l'ETRE. Même le réalisme affiché, très irrespectueux en apparence, de la jeunesse actuelle exprime et cache à la fois la force d'une aspiration prête à détruire tout ce qui lui semble un obstacle insurmontable sur le chemin de sa quête, secrète et souvent inconsciente.

Face à la génération montante, le monde des éducateurs, des thérapeutes, des directeurs spirituels se trouve devant des problèmes auxquels rien ne les préparait. Au temps de leur jeunesse, l'autorité des supérieurs était encore plus ou moins tabou et les « valeurs intellectuelles » à transmettre, indiscutées. Les enfants dont la culture et - du moins ils le croyaient - l'éducation leur étaient confiées ne leur posaient pas, au fond, de vrais problèmes. On savait bien ce qu'il fallait enseigner à des candidats aux examens et aux diplômes, à des fonctionnaires et des responsables en puissance, à de futurs membres de la société et de la religion. La ligne des croyances et du savoir requis était toute tracée.

Ces temps sont révolus. Ce à quoi la nouvelle génération s'intéresse avant tout ce n'est plus ce que l'on a et sait, ce que l'on est capable de faire, mais bien ce qu'on *est*. Elle veut être ce qu'elle est réellement, c'est-à-dire selon son Etre essentiel. Ce qui fait vibrer cette jeunesse chargée de l'avenir, c'est l'intuition de son origine infinie et la colère d'avoir été tenue à l'écart de cette connaissance. Les responsables d'hier se trouvent les mains vides devant l'exigence des temps nouveaux qui prennent la relève du leur. Très peu parmi les « vieux » ont pris conscience de leur véritable essence avec une force et une netteté suffisantes pour faire éclater les limites de leur ancienne anthropologie. Pourtant s'ils l'avaient, cette conscience, elle les délivrerait des remords qui troublent beaucoup de ceux qui s'écartent des formules et des images que les traditions religieuses leur ont transmises et imposées. Souvent, sous le regard pénétrant des jeunes, non seulement ils se présentent les mains vides, mais ils sont eux-mêmes des coquilles vides. Non pas qu'ils soient mauvais ou sans mérites. Ce sont des citoyens consciencieux, respectueux des lois et des valeurs morales mais, essentiellement, ils n'ont ni sève ni racines. Il leur manque l'intuition, et plus encore la connaissance, de leur origine céleste. Ils ne sentent, ne pensent et ne vivent pas par elle. Un avenir plein de promesses se révolte donc contre ce présent lourd de passé.

Pourtant le nouveau ne se fait jour que timidement. Quand, par exemple, un prêtre entendra-t-il jamais un pénitent se confesser d'avoir « fidèlement » persévéré dans l'ordre établi malgré un appel surnaturel à le transgresser ? Bien sûr, la conscience objective et son sens des valeurs ont fait faire un pas décisif à l'évolution. Ils ont formé l'esprit qui a permis à l'homme de dominer ses pulsions et ses sentiments, de soumettre son moi égocentrique à la communauté et de défendre son ordre. Y manquer constitue le péché terrestre. Mais quand l'homme se laisse emprisonner par les valeurs humaines alors qu'il est appelé « d'ailleurs », il commet le plus grave des péchés : le péché contre la Vie surnaturelle.

Notre « origine céleste » signifie que nous sommes non seulement enfants du monde spatio-temporel, mais citoyens du royaume divin. Cela paraît un pieux aphorisme. Mais, pour être accueillies, les grandes vérités de la vie supposent toujours un certain esprit de piété. Seul il y est ouvert. Il est seul accessible à un savoir qui dépasse les perspectives de l'intellect dont la nature même cache la Vie insaisissable au rationnel.

Qui soupçonne l'importance vitale prise tout à coup par l'origine céleste ? La promesse et la vocation découvertes dans sa vérité bouleversent quelquefois toute une existence et la font repartir à zéro. Les parents, les éducateurs, les responsables de la jeunesse savent-ils que la soudaine conscience de ce que nous sommes selon notre Etre essentiel peut signifier l'éveil à une autre réalité qui engage dans une vie nouvelle ? Pourtant c'est ainsi. Il faut aller vers ce - ou celui - que nous sommes en notre Etre. Nous devons pour cela mourir à notre existence d'enfants de ce monde et renaître à notre Etre surnaturel. C'est un fait inouï. Cependant il appartient à la *connaissance primordiale* de la grande tradition et de ses maîtres. L'homme, tout homme, est fondamentalement attiré vers elle par son Etre essentiel. Chacun de nous est-il appelé à percevoir cette connaissance ? Appartient-elle aux élus qui éprouvent et réalisent pleinement son sens ? C'est une autre question. Mais il est temps de donner au plus grand nombre possible la chance de le discerner. Les appelés auront besoin de courage pour s'affranchir d'images et de formes qui représentaient, pour la génération précédente, le mystère, mais qui obscurcissent la vérité intégrale. Elles retardent l'évolution d'un sujet prêt à *l'expérience* surnaturelle d'une réalité réservée jusqu'ici à la foi de l'homme naturel.

L'ETRE caché abat maintenant les murailles qui le masquaient et empêchaient l'homme de parvenir par l'expérience à sa pleine conscience. Ce qu'il voit à présent par les yeux de son Etre essentiel est *expérience, promesse et vocation*. Il peut répondre *oui* ou *non*. En cela consiste sa liberté, la seule qu'il possède. Il peut saisir ou laisser échapper la chance qui s'offre à lui quand s'ouvre l'œil intérieur. Il peut accepter « l'impossible » ou se retrancher dans le possible. Il peut s'abandonner, soit au doute, soit à la foi créatrice dont l'éclosion rend possible l'impossible. Faire confiance à la force créatrice de transformation, à la foi libérée par l'expérience, n'est ni une imprudence ni un enfantillage. Refuser de l'admettre quand elle s'éveille c'est, par contre, trahir notre origine supra-terrestre. Car l'homme doit parfaire dans l'univers l'œuvre de Dieu.

Notre thème est posé :

Nous avons une origine céleste. Nous sommes les enfants non seulement du monde mais de Dieu, appelés ainsi à la maturité. Nous sommes frères du Christ en notre Etre essentiel et nous participons à son royaume qui n'est pas de ce monde.

Nous sommes appelés à devenir des *personnes,* c'est-à-dire tels que le *Verbe* qui nous habite puisse, à travers nous, résonner dans le monde. Nous sommes appelés aussi à témoigner de sa présence intemporelle et à la rendre féconde dans l'espace et le temps.

Non seulement nous sommes aptes à croire à notre origine infinie, mais nous pouvons en prendre intimement conscience par une expérience particulière. Si nous répondons à cet appel, nous suivrons la voie de transformation grâce à laquelle, dans notre origine naturelle, nous témoignerons de notre origine divine. Mais tout ceci nous restera caché tant que la lumière qui nous habite sera masquée par l'obscurité de l'esprit objectivement définissant et par une conscience moyenâgeuse du péché. Il faut avoir le courage de regarder la lumière de la promesse, car à chacun de nous est donné et prescrit, une fois atteint le degré nécessaire, de prendre conscience de notre qualité d'enfants de Dieu. Pour qu'elle s'épanouisse, il suffit de posséder la simplicité du cœur qui dissipe le brouillard de la peur et accepte ce que l'intelligence ne peut saisir ni la volonté accomplir. Oser vivre la promesse comme une vocation, telle est la source et le sens de la voie sur laquelle l'Etre infini de l'homme, devenu l'intime conscience qui l'engage, peut prendre forme dans notre existence finie.

CHAPITRE I

DE LA DOUBLE ORIGINE DE L'HOMME

Deux espèces de souffrance, deux espèces de joie

Il existe deux espèces de souffrance et deux espèces de bonheur. La double origine de l'homme se manifeste ici. Il y a la souffrance qui naît des dangers, de l'injustice, de la cruauté du monde et de l'incapacité de faire face correctement à toute circonstance. Et il y a la joie de sentir la sécurité, le sens et l'amour du monde. Le bonheur et la souffrance de l'homme dans l'union ou la désunion avec son Etre essentiel sont d'un autre ordre. C'est la souffrance d'être séparé de l'Etre. C'est la joie de l'unité avec lui au milieu des menaces, de l'absurde et de la solitude ; la joie d'éprouver une mystérieuse présence qui transforme et abolit la souffrance créée par le monde. Dans le bonheur et la peine du *moi profane,* conditionné sur tous les plans, apparaît l'origine terrestre de l'homme. La joie et la souffrance venant de l'unité ou de la séparation avec l'Etre révèlent son origine divine, le Dieu caché en lui.

De même y a-t-il deux manières de bien se porter. L'une est la santé psycho-physique, le bon fonctionnement et l'efficacité dans le monde. L'autre naît de l'unité avec l'Etre, même *dans* l'infirmité vis-à-vis du monde. A l'une convient la médecine pragmatique, la physio ou la psychothérapie, à l'autre la thérapie *initiatique.* L'une fait appel au médecin et au psychothérapeute, l'autre au guide sur la voie, tel qu'il existe dans la tradition du *maître.* Le maintien de cette tradition, plus vivante jusqu'ici en Orient qu'en Occident, constitue désormais le devoir de notre époque. C'est la redécouverte de la voie intérieure, liée à l'expérience « mystique », non plus comme le privilège de quelques-uns et la tâche de petits groupes secrets ésotériques, mais comme le mouvement universel de tous ceux qui ont atteint le degré de maturité nécessaire. Le fait de reconnaître en soi-même cette souffrance comme réelle, et même comme la seule souffrance essentiellement humaine, implique un tournant dans la façon de concevoir, de juger et d'apprécier le vrai sens de la « vie humaine ». Car l'importance acccordée à cette souffrance fait seule apparaître ce que le fait d'être homme représente comme chance, devoir et promesse. Faire d'une activité rentable un critère absolu s'avère une erreur lourde de conséquences. Le sens de la souffrance intérieure, s'il est compris, peut en un éclair illuminer le paysage entier de l'existence humaine. Il exige alors une totale révolution. Jusque-là l'homme voyait seulement à quel point il souffrait dans le monde. A travers la souffrance causée par la non-unité avec son Etre, il pressent soudain que la racine de cette souffrance est le refoulement de son noyau divin.

Le moi existentiel et l'Etre essentiel

Aussi longtemps que, jusque dans son centre vital, l'homme est ancré à son seul moi existentiel, c'est de celui-ci que toutes choses tirent leur sens et leurs limites : l'horizon du réel, les choses, les valeurs, les autres hommes et la communauté, Dieu même. L'homme de notre époque est sous cette emprise. Que le centre de toutes choses ne soit pas ce moi profane, mais notre Etre surnaturel inné, transcendant la perspective du moi, était devenu une question de foi, de croyance plutôt, ou simplement on l'avait oublié. Pour tous ceux qui l'éprouvent, et c'est aujourd'hui toute une génération, le fait d'admettre la légitimité de *l'expérience* transformatrice de l'Etre, c'est-à-dire de notre façon de participer à l'ETRE universel, ouvre une ère nouvelle.

Pour le chrétien, cela signifie que l'homme ne se limite pas au moi conditionné par le monde. Puisqu'il n'est pas seulement par la « chair » mais aussi par l' « esprit », il est un être non contingent et il appartient au royaume qui n'est pas de ce monde. La substance de toute expérience de l'ETRE est un événement spirituel où le mystère infini, le Verbe créateur, se révèle en tant que centre de la vie consciente. Il ne s'agit plus alors d'une question de croyance mais du fruit d'une expérience qui transforme tout, d'une expérience où l'ETRE surnaturel abolit un ordre d'existence plein de souffrances. Avec ce tournant commencent les temps nouveaux.

Dès que l'homme non encore transformé a dominé sa nature primitive, il se considère comme un sujet autonome dont le savoir est « objectif » et le comportement indépendant. Il prend ce qu'il éprouve pour des faits. Dans ce qu'il perçoit, il voit des objets de pensée ou des buts de volonté qui lui sont donnés pour son propre usage afin qu'il les organise à sa convenance. Tout lui devient objet ou opposé : l'autre, le toi aussi, et même Dieu. Il juge bon ou mauvais ce qu'il comprend comme tel selon sa propre conception du bien et du mal.

Mais la percée vers l'ETRE et la renaissance qu'il suscite font éclater les limites du moi. L'homme se croyait le maître à qui tout obéit : cette illusion s'évanouit maintenant. Devenu ce qu'il est en vérité, il se sent subordonné à un Autre, qui est au-dessus de lui. A travers toute peine et toute contingence, cet Autre le soutient, le dirige, l'appelle et, en un sens nouveau, le rend libre et puissant vis-à-vis du monde. Cela, il l'était déjà fondamentalement. Il l'est au-delà du temps, dans son Etre essentiel, par l'origine dont il ne déchoit jamais et qui demeure cachée dans son moi existentiel. La seule question est de savoir quand il s'y découvre. Car, sujet conscient, il « est » ce qu'il est dans la seule mesure où il le perçoit intimement. Par cette prise de conscience, il se reconnaît citoyen de deux univers : du monde spatio-temporel contingent, mais aussi d'une autre réalité, absolue, au-dessus du temps et de l'espace. Ces deux aspects sont inhérents à l'homme intégral. Reconnaître l'exigence de chacun d'eux, les admettre, supporter leur antagonisme et rendre finalement possible leur intégration afin de devenir une personne à part entière, tels sont le sens et le but de la voie intérieure (II) [1].

Entre l'Etre essentiel et le monde

Dans son existence limitée par le temps et l'espace, l'homme naturel crée des conditions qui assurent la stabilité de sa position dans l'existence, mais qui mettent en danger le témoignage de son Etre essentiel. L'énergie et les capacités dont il a besoin pour subsister et pour être heureux sont d'un ordre différent de celles qu'exige la sauvegarde de cet Etre. Le progrès de ses forces profanes l'empêche dans une large mesure de construire et d'accomplir sa vie par l'ETRE. Pour l'homme, s'attacher au monde c'est mettre en péril son unité avec lui-même. Ainsi l'organisation de notre mode d'existence s'établit dans des conditions lourdes de tension entre notre « corps vital », soumis au destin extérieur, et la « forme de l'ETRE » présente en lui. Or le témoignage pur, absolu, de cet Etre est sa vocation. Le *corps du destin* est un produit du monde. L'*Etre essentiel* n'est pas de ce monde. D'où un perpétuel conflit entre la « forme de l'Etre » supra-naturel inné et le « corps du destin » déterminé par les conditions terrestres, qui perçoit de l'ETRE uniquement ce que le monde y laisse pénétrer. La fusion de ce corps du destin et de la forme de l'Etre est, dès l'enfance, le thème de la maturation humaine.

---

1. Ces chiffres (II) renvoient aux ouvrages de l'auteur mentionnés en appendice pp. 230 ss. et dans lesquels ces thèmes sont traités en détail. Dans certains cas, de brefs passages, pour la plupart fortement remaniés, en ont été extraits.

Tout au long de notre vie le monde nous attire au-dehors et l'Etre essentiel nous appelle du dedans, et vers l'intériorité. Le monde réclame savoir et pouvoir. L'Etre exige l'oubli de ce que nous savons et pouvons au profit de la maturation spirituelle. Au monde il faut une activité ininterrompue. Le Soi nous demande seulement d'accueillir ce que nous sommes au plus profond de nous-mêmes. Le monde pousse sans répit au rendement et fait aspirer à la stabilité d'une position bien assise. L'Etre veut que, tournés vers lui, nous ne le perdions pas au profit de la sécurité et de l'immobilisme. Le monde nous engage à parler et agir sans cesse. L'Etre essentiel exige que, dans le silence, nous nous abandonnions à son action sans agir nous-mêmes. Le monde nous contraint à penser à notre sûreté. L'Etre essentiel donne le courage de prendre constamment de nouveaux risques. Nous soumettons le monde en le définissant et en l'expliquant. Le Soi s'ouvre à nous lorsque nous ne le définissons pas et que nous supportons l'inexplicable. Dans le monde nous cherchons à nous rassurer. La force de l'Etre essentiel qui nous porte se manifeste lorsque nous abandonnons ce qui nous réconforte et nous soutient. Par le renoncement aux richesses du monde, et seulement ainsi, l'Etre ne cessera pas de nous combler. Nous voulons une existence sans danger et protégée de la douleur. La maturité dans le Soi passe par l'insécurité et la souffrance, croît dans la douleur et ne porte son fruit que dans le mourir (VI).

L'homme se trouve devant une double tâche : d'une part former le monde par son *œuvre,* de l'autre mûrir sur la *voie* intérieure. Le monde exige de lui qu'il s'affirme et se classe par l'efficience ; il faut qu'il serve avec fidélité la communauté et ses valeurs durables. Dans certains cas, l'Etre présent en nous *peut* nous demander de rejeter toutes les exigences du monde et d'opposer notre volonté à celle de la communauté. Parvenu au terme d'une évolution motivée par le seul appel de l'ETRE, l'homme est libéré non seulement de sa dépendance, mais aussi de toute obligation à l'égard du monde. Délivré de ses liens terrestres, dissous dans l'Etre, il cesse d'être un « homme parmi nous ». Quelque chose de cette nostalgie demeure en chacun de nous. C'est l'aspiration *orientale.* La volonté de vivre *occidentale* est tout l'opposé. Elle s'affirme dans le monde ; elle peut s'y perdre aussi. La vie *chrétienne* embrasse et unit la vision de l'Orient et celle de l'Occident. Elle veut que l'homme perçoive son origine céleste en la manifestant dans le monde de son origine terrestre. La voie intérieure ne mène pas alors hors du monde. Elle ne se pose pas en ennemie de « l'extérieur » car elle comprend aussi l'intériorité de tout, du monde et de toutes choses. L'expérience de la fusion dans l'unité de l'Etre est en contradiction avec l'être-dans-le-monde tant que l'on ne voit pas également le dedans dans le dehors. L'enracinement dans l'Etre ne s'oppose pas aux exigences du monde. Il est, au contraire, la condition qui permet de les remplir d'une façon adéquate. C'est par le contact avec l'Etre *en nous* que le monde lui-même peut être perçu dans son essence. « Si l'œil n'était pas ensoleillé, il ne pourrait jamais apercevoir le soleil. » A travers le reflet de l'univers capté par l'œil terrestre, l'œil céleste découvre le ciel dans le monde. Mais l'œil terrestre se projette sur lui et fait de l'infini qui l'habite la lointaine voûte céleste.

L'image innée de l'Etre et la voie intérieure

L'homme ne désire jamais vivre uniquement pour subsister. Il veut se vivre et se réaliser comme un certain sujet, dans une certaine forme déterminée de lui-même et de son univers, et s'accomplir selon son Etre essentiel. De plus, qu'il le sache ou non, malgré la contingence de son existence terrestre, il voudrait toujours devenir tel qu'il puisse manifester cet Etre surnaturel présent dans son essence. Où trouvons-nous ceci dans notre enseignement et notre éducation ?

La vivante exigence de sa conscience et une perpétuelle aspiration de son Etre essentiel poussent l'homme à se réaliser en une certaine forme où l'ETRE présent en lui puisse apparaître inaltéré. Cela ne serait possible que dans une harmonie entre ce qu'est l'homme, du fait de son origine divine et par son Etre essentiel - et il voudrait le réaliser aussi dans le monde -, et ce que, sujet conscient soumis aux circonstances du monde, il est contraint d'être.

A travers tous les changements du devenir, un facteur individuel constant nous porte à accomplir une forme déterminée dont la vérité indiscutable est notre désir et notre vocation. Cette force agissante est « *l'image innée* » présente en notre Etre essentiel. Elle est notre Etre conçu comme la structure de vie vers laquelle nous entraîne et nous engage, sans erreur possible, la formule de devenir qui détermine notre aspiration fondamentale et notre voie intérieure. L'Etre essentiel est, en soi, une *voie intérieure* plus encore qu'une image. C'est la seule voie sur laquelle chacun, par une succession de degrés et d'étapes, peut accomplir sa vie dans la vérité. L'Etre essentiel d'un homme *est* la voie qui lui est inhérente. Elle est sa vérité, sa vie, sa promesse, sa tâche. Elle est son épanouissement et le sens de son existence (X, 1).

TRANSCENDANCE

Nos contemporains, devenus circonspects, ne prononcent plus sans une certaine réticence le mot « Dieu ». Non parce qu'ils ne savent rien ou ne veulent rien savoir de Dieu, mais parce que, au contraire, ils recommencent à le pressentir. C'est pourquoi tout mot qui tente de saisir ce mystère et qui en fait quelque chose ou « quelqu'un » leur paraît trop faible, insuffisant, absurde même. D'autres mots, plus neutres, entrent alors en jeu, par exemple celui de « transcendance ».

Lorsque, dans ce livre, nous parlons de transcendance, qu'entendons-nous par là ? Nous entendons ce qui *dépasse,* d'une manière inexplicable, l'horizon des sentiments et du savoir naturels. C'est l'ETRE insondable de tous les êtres et le tissu de toute vie, l'ETRE surnaturel au-delà des contraires. Par transcendance nous entendons la VIE elle-même, la grande Vie qui est au-delà de la vie et de la mort. Nous parlons de l'ETRE qui anime toutes choses et auquel nous participons selon le mode individuel de notre propre Etre essentiel, la Vie dans et par laquelle nous *sommes* et nous pouvons devenir vraiment nous-mêmes. La VIE qui nous reprend et nous engendre toujours de nouveau, notre source, notre sens essentiel et notre véritable origine. Elle veut transparaître en nous et à travers nous en tant que personnes véritables, c'est-à-dire dans notre vie, notre savoir, notre action et notre amour dans le monde.

Quand nous parlons de cette transcendance, nous ne nous appuyons pas sur une foi traditionnelle mais sur des expériences irrécusables où une autre dimension nous touche sans laisser la moindre place au doute. Ce sont des expériences dans lesquelles la plénitude, l'ordre et l'unité de l'ETRE frappent l'homme, l'appellent, le libèrent et l'engagent. Le moi éprouve cet ETRE comme un Toi. Bien entendu, dans la conscience rationnelle, qui s'efforce de séparer de l'expérience l'homme en tant que sujet, rien de cela ne peut le toucher. Mais, dans l'immédiateté de l'expérience, tout ce qui est perçu par le moi lui semble le Toi, même la transcendance. Quand le moi éprouve ce fond dans l'éprouvé, tout perd son altérité. Ce qui pour la perception rationnelle devient un « quelque chose », devient dans l'union de l'expérience mystique « Rien ». Ensuite cependant, par l'intensité de l'expérience, s'exprime le grand Toi.

Lorsque dans le vécu immédiat de la transcendance nous la ressentons comme un « Toi », pourquoi ne parlons-nous donc pas simplement de Dieu ? Parce que, pour l'homme contemporain vraiment marqué par l'engagement de sa recherche, le renouveau de la vie religieuse est rendu difficile, parfois même menacé, dès que le don divin des expériences est fixé en un mot qui rappelle certains concepts théologiques, certaines formules religieuses qui, en se vidant de leur substance, ont été à l'origine de la crise actuelle de la foi. C'est pourquoi nous parlons tantôt de l'autre dimension, tantôt de la Vie surnaturelle, ou de l'ETRE divin, de la réalité au-delà du temps et de l'espace, de l'Absolu, de la Vie supérieure. Ou bien nous écrivons la VIE, en trois majuscules. Nous entendons toujours par là le mystère infini qui habite notre Etre essentiel et que la vocation humaine est de manifester et de servir (XI).

Le destin de l'homme devenu conscient de lui-même est d'échapper à la protection de l'ETRE. Mais dans la souffrance causée par cette séparation réside sa chance de redécouvrir, par une conscience supérieure, qu'il est enfant de Dieu. L'homme adulte perd de vue sa patrie originelle. La maturité la lui fait retrouver à un niveau supérieur. Il la retrouve quand le mystère de son Etre essentiel le touche au point de lui faire percevoir son origine céleste comme un bonheur, une libération et une vocation. C'est de cette perception qu'il s'agit aujourd'hui. Elle implique une nouvelle conscience dont la nécessité se fait sentir chaque jour davantage. Dans notre atmosphère toujours plus sèche et plus dépersonnalisée, l'importance des expériences personnelles s'accentue. Elle devrait s'imposer encore davantage à l'attention. Et cependant, avec quelle rapidité voyons-nous chaque jour les expériences les plus intimement éprouvées se dégrader au niveau de la conscience objective. Celle-ci les étiquette, les classe et elles cessent d'être fécondes. Ainsi la conscience « non objective » reste inévoluée et l'on rejette l'instrument le plus efficace du progrès sur la voie intérieure. Retrouver une conscience conforme à l'ETRE est donc, au seuil de la voie, une tâche capitale.

LES DEUX ESPÈCES DE SAVOIR

Il existe un savoir conditionné par le temps et un savoir intemporel. Le savoir qui sert à la maîtrise du monde progresse constamment. Une découverte chasse l'autre. Celle d'hier ne satisfait plus aujourd'hui. Mais le savoir d'un Lao Tseu est une sagesse aussi valable de nos jours qu'elle le fut en son temps. Il y a donc un savoir du monde qui s'accroît avec le progrès et un savoir intemporel, primordial, de l'ETRE et de la Voie.

Le fonds de sagesse éternelle de l'humanité concerne le Soi de l'homme, son devenir intérieur et sa relation avec la vie supra-terrestre. Quelque chose de vivant, indépendant du temps et de l'espace, nous y est transmis. Cela se présente toujours, il est vrai, sous des apparences temporelles, soumises aux contraires, et à des niveaux d'évolution qui, à la fois, le révèlent et le voilent. Celui dont les yeux sont ouverts à la vision du Soi voit rayonner à travers tous les phénomènes cet Etre supratemporel de toutes choses, essentiel mais caché. L'homme en possède inconsciemment le sens et la connaissance primordiale innés. Des expériences particulières y éveillent, mais ils sont inaccessibles au microscope de l'intelligence, même la plus aiguë, qui toujours porte son regard dans la fausse direction.

Les expériences ravivent aussi la connaissance originelle des conditions qui cachent l'ETRE et de celles où, au contraire, il peut se manifester, devenir conscient et prendre forme dans le monde. Nous trouvons cette connaissance lumineuse chez les sages et les maîtres, dans la substance des mythes de la création chez tous les peuples, comme aussi dans l'enseignement des fondateurs des grandes religions et de leur principaux disciples. Le malaise éprouvé par l'homme, oublieux de son origine céleste et que cet abandon mène presque à sa perte, lui fait redécouvrir cette origine dans l'expérience de l'ETRE, c'est-à-dire dans la « transcendance comme expérience ».

Le savoir dont la valeur est toujours transitoire et qui progresse se rapporte au monde. Il se base sur notre expérience naturelle. Saisi par la conscience objective, il aboutit à la science et à la technique. Par elles l'homme comprend objectivement le monde et le domine selon sa volonté. La connaissance primordiale survit au temps, mais elle doit toujours être redécouverte. Elle concerne l'Etre essentiel de l'homme, sa souffrance et sa mission. Elle s'appuie sur des expériences surnaturelles et mène à la sagesse par laquelle l'homme se reconnaît lui-même en l'ETRE et se transforme selon le but qui lui est assigné.

VAGUE, FEUILLE ET CEP

Reconnaître que l'on est une partie du Tout, que l'on est même le Tout selon sa modalité de partie, exige une certaine forme de conscience. Une conscience différente de celle qui voit comme séparé et distinct d'elle-même le Tout dans lequel elle est et qui est en elle.

Prenons trois exemples :

Si l'on dit à la vague : « Tu es dans la mer », elle répond : « C'est vrai ». « Et où, lui demande-t-on alors, commence la mer ? - Là, dit-elle, juste où s'arrête mon écume. Je suis ici et là, à côté se trouve la mer. » Et si on l'interroge plus avant : « Et toi ? N'es-tu pas une vague de la mer, n'es-tu pas toi-même la mer à la façon dont elle apparaît dans une vague ? », la vague le *comprendra* peut-être intellectuellement. Mais il lui faut une autre conscience pour sentir la vérité vivante de ce fait que la mer n'est pas simplement « là », objectivement présente en face d'elle et opposée à elle, mais qu'elle est contenue dans la vision d'une conscience intériorisée. Alors seulement la vague aura une conscience intime, non objective, d'être la mer. Cette conscience, et elle seule, lui permettra de percevoir ce qui lui est caché par la conscience objective.

De même la feuille et l'arbre. Si la feuille n'a de sa condition de feuille qu'une représentation où elle se distingue de l'arbre, naturellement elle sera effrayée quand viendra l'automne. Elle craindra de se dessécher, de tomber et, finalement, de devenir poussière. Mais si elle saisit réellement qu'elle est elle-même l'arbre dans sa modalité de feuille et que la vie et la mort annuelles de la feuille font partie de la nature de l'arbre, elle aura une autre vision de la vie. Pour la saisir au fond d'elle-même, il faut de nouveau cette conscience intime où la feuille perçoit sa nature essentielle comme la modalité du Tout, modalité qu'elle vit en lui. C'est seulement dans la mesure où, dans sa condition de feuille, elle se sent elle-même arbre qu'elle tombera sans crainte ni révolte. Avec les autres feuilles, elle accomplira le naître et disparaître par lequel l'arbre vit son destin dans un éternel « meurs et deviens ».

De même, enfin, le cep de vigne et les sarments. « Oui, dit le sarment, je tiens au cep. Je suis le rameau, et là où ma tige cesse commence le cep. » Ainsi pense-t-il tant que, comme l'homme encore non éveillé, il vit le schéma de réalité du « Je suis moi » et « cela est cela ». Cependant, le sarment pourrait percevoir un jour, au plus profond de lui-même, qu'il *est* le cep, à sa manière de rameau, qu'il y est chez lui et que son être réel, la racine de sa forme, est le cep, c'est-à-dire le tout dont il est une partie. Et que s'il parvient vraiment à cette intime intuition, il attendra une conscience de lui-même conforme à son être. Mais pour cela il lui faut une autre conscience.

L'origine de l'homme est double, céleste et terrestre. Comme la vague son « être-mer », le sarment son « être-cep », la feuille son « être-arbre », c'est lorsque, dans une intuition profonde, il saura que le Tout présent en lui est sa vie secrète, sa patrie transcendante, qu'il *connaîtra* son origine céleste. Elle sera alors expérience, promesse et vocation, et il n'aura plus besoin de se contenter d'y croire.

CHAPITRE II

L'HOMME CONTEMPORAIN

DANS L'OMBRE DE LA CONTRAINTE A L'EFFICIENCE

« Professeur, aidez-moi ! Il y a chez moi un " ver dans le fruit ". Je ne sais pas ce qui m'arrive. Je me porte à merveille, je fais beaucoup de sport, j'ai de l'argent autant que j'en veux. Pas de problèmes de famille, ni d'affaires non plus. Et je suis torturé par l'angoisse. Je ne sais pas d'où me viennent ces sentiments de culpabilité. Je souffre d'isolement alors que je ne suis pas seul. Que se passe-t-il ? » Je lui demande : « Avez-vous une devise qui guide toute votre vie ? »

« Oh oui, répond-il, une devise en quatre mots. Ils sont affichés partout dans mon entreprise. C'est : " Le rendement est tout ". - Ainsi, dis-je, le rendement est tout ? » Il répète ces quatre mots avec un mélage d'orgueil et de défi auxquels se mêle cette fois une certaine hésitation. Je continue : « N'avez-vous jamais entendu parler d'une voie intérieure qui, autant que son travail visible, est la tâche de l'homme ? Ne savez-vous rien de la nécessité et du bienfait d'un progrès et d'une maturation intérieurs sans lesquels on ne trouve pas la paix ? »

Le visage de mon patient se rembrunit. Il répond, avec un geste de refus et de mépris : « Voulez-vous parler de religion ou de vie intérieure, ou de quelque chose de ce genre ? Mon cher, des gens comme moi n'ont pas de temps à perdre. Avec ça on ne peut ni construire des machines ni faire son chemin dans le monde. »

Cette réponse est typique. Elle révèle l'abîme d'une telle

situation. Des gens souvent très capables, cultivés, pleins de bonne volonté, sont tellement possédés par leur idée fixe d'efficacité, c'est-à-dire par l'illusion qui leur fait considérer la réussite et le rendement comme la seule façon d'exister et de faire face à leurs responsabilités, qu'ils se croient sincèrement obligés de refouler toute vie intérieure.

Ils se réduisent ainsi à l'état d'une bête de somme prise dans le harnais des obligations du monde. Les étroites limites de leur formation font d'eux une caricature de ce que l'homme réel est et devrait devenir toujours davantage : une unité du corps, de l'esprit et de l'âme. S'il fallait faire le portrait de ce type de personnage, on dessinerait une énorme tête, une poitrine gonflée, des bras et des jambes musclées mais fonctionnant mécaniquement, sans harmonie organique, tout cela tenu ensemble et conduit par une volonté rigoureuse. Au milieu du corps, par contre, à la place du centre animateur et organisateur qui devrait s'y trouver, il y aurait peu de chose. En fait un espace vide où, sous la carapace d'un moi anxieux et vulnérable, l'Etre véritable est réduit à une vie fantomatique. Malgré ses biens, son savoir et son pouvoir, l'homme qui correspond à cette image est resté un enfant. Extérieurement adulte mais intérieurement immature, plein d'illusions et sans maîtrise de lui-même, mal défendu contre les forces du destin, il finit par échouer dans la vie parce qu'il s'est manqué lui-même. De son Etre essentiel, négligé et étouffé, montent ces sentiments inexplicables d'angoisse, de culpabilité et de vide que tant de gens éprouvent aujourd'hui, même s'ils sont au comble d'une réussite apparente. Ceux qui les voient de l'extérieur admirent cette façade. Derrière elle vit un individu misérable dont la souffrance psychique et le manque de sérénité intérieure sont la rançon de son immaturité. Il ne s'est pas trouvé dans son Etre essentiel. Il ignore son origine céleste, son sens et ce qu'elle exige de lui. Tout ce qu'on lui en dit lui paraît un vain bavardage. Ce qui compte pour le monde est à ses yeux la seule réalité. Son instrument est l'efficience (III). Mais au fait, cette efficience n'est-elle pas nécessaire ?

Eloge de l'efficience

C'est par l'action efficace et par elle seule que l'homme apprend à faire face aux exigences du « monde », de la nature aussi bien que de la société.

Pour subsister et donner un sens à la vie, il faut accomplir un travail. Cela est nécessaire pour maîtriser l'existence et utiliser les forces de la nature. Seules ses réalisations font de l'homme un membre de la communauté utile et sans égocentrisme. Toute réalisation valable, au service d'un but ou de la société, oblige l'homme à leur soumettre son moi égoïste, à orienter son activité vers des exigences et sur des critères objectifs. C'est la seule voie qui fera de lui une personnalité, c'est-à-dire un administrateur fidèle et consciencieux des valeurs qui lui sont confiées en ce monde.

Si l'on critique l'efficacité quand elle est à elle-même son propre but, il ne s'agit jamais de mettre en question son principe en tant que tel. Il ne faut pas non plus minimiser son importance dans l'éducation, la formation et la culture. Mais, pour que ce principe reste salutaire et fécond, il ne doit pas régner seul, ni constituer un critère absolu. Il doit être inclus dans l'intégralité de la vie humaine. S'il en devient le centre, son action sur le monde est désastreuse et l'homme se porte mal. D'ailleurs, le responsable n'est pas alors ce principe d'activité efficace, mais l'homme exclusivement tendu vers lui, qui oublie son Etre essentiel et sa maturité. Ce n'est pas le principe d'efficience qui corrompt l'homme, mais l'homme qui corrompt ce principe (IX).

Une activité efficace peut servir le surnaturel de trois manières :

1. Si ce qu'elle réalise - acte, œuvre ou organisation - fait rayonner quelque chose de surnaturel.

2. Si elle crée ou permet les conditions dans lesquelles l'homme peut vivre et se développer selon son Etre essentiel.

3. Si cette activité représente autre chose qu'elle-même, c'est-à-dire si elle ne s'accomplit pas seulement sous son propre signe

et que, par elle, celui qui l'exécute « intègre » en lui quelque chose.

La mesure extérieure de toute activité est son résultat, autrement dit « ce qui en sort ». Sa mesure intérieure devrait être ce que sa préparation et sa réalisation apportent intérieurement à l'homme lui-même.

Il nous manque le silence

A nos contemporains, il manque le silence. Le silence extérieur, mais plus encore le silence intérieur, c'est-à-dire une disposition qui les rende capables, même dans le vacarme et l'agitation extérieurs, d'éprouver, de garder et de rayonner le calme. Il y a un silence particulier qui est un état et n'a rien à voir avec « le bruit ou l'absence de bruit ». Plus encore : le bruit extérieur peut devenir l'arrière-plan sur lequel se détache ce qu'aucun tumulte ne peut troubler. C'est le silence juste. Il est une disposition, un état de l'âme. Le vacarme du monde s'y transforme en « bruit de fond » sur lequel, justement, le silence devient conscient et se développe dans sa perfection.

Il y a un silence de la vie et un silence de la mort. Le silence de la mort se rencontre là où rien ne bouge plus, Le silence de la vie est celui où rien n'arrête le mouvement de la transformation. Ce silence-là est le fruit de la Voie intérieure.

Les hommes dont il émane, parce qu'ils le possèdent intérieurement, sont devenus rares. Un calme ou une impassibilité affectés ont pris la place du silence de l'enracinement dans l'Etre. Mais le calme extérieur, acquis par discipline, est différent de la sérénité qui traduit une attitude intérieure où n'intervient pas un effort de volonté. Autre chose aussi que le calme du flegmatique où la pulsation de vie sous-jacente est absente. Il existe bien entendu des gens « à l'épiderme épais ». D'autres ont une nature qui vibre toujours spontanément à l'unisson, et devant eux les conflits disparaissent d'eux-mêmes. Aux premiers, leur manque de sensibilité et d'émotivité épargne l'agitation. Chez les seconds, les impulsions intérieures comme les impressions pénibles venues du dehors, dont d'autres seraient affectés, se résolvent complaisamment avant de les avoir atteints en profondeur. Mais ce genre de calme est plat et fade. Seule la sérénité qui révèle la présence de l'ETRE au-delà des contraires apporte la force, la profondeur et le rayonnement. Le calme juste est une force née de notre origine céleste. Lorsqu'il émane d'un être, son action est à la fois ordre et apaisement. Sans qu'il soit besoin de paroles, il ramène à eux-mêmes ceux qui l'entourent. Sous le signe de l'ETRE essentiel qui s'y exprime, les vagues de l'agitation retombent. Le mal disparaît, les problèmes se résolvent spontanément. Dans le silence juste, la voix de la VIE devient perceptible.

Un sens secrètement vivant chez l'homme lui apprend que le silence juste, auquel l'âme aspire, est plus qu'une satisfaisante absence de bruit, plus qu'un antidote de calme contre l'agitation et le surmenage de sa vie. Plus aussi qu'un élément nécessaire à toute vie par l'esprit ou à la santé psychique. Il sait que le vrai silence est fondamentalement autre chose que la condition d'une vie heureuse, il est plutôt le signe d'une vie remplie par l'expérience de l'ETRE. Même de nos jours, cette expérience originelle n'est pas encore assez lointaine pour que le bonheur authentique ne se traduise pas par le silence. Et, inversement, c'est lorsqu'on demeure vraiment silencieux que peut naître le bonheur.

La réceptivité au silence et l'aptitude aux sacrifices qu'il faut lui consentir sont différentes selon les individus. Cela dépend de l'âge, du degré de maturité et du caractère. Les épreuves et la souffrance en rapprochent. Le besoin de s'extérioriser lui est moins favorable que l'intériorité. Le paysan connaît le silence mieux que l'homme dévoré par la vie citadine. Par contre, la privation du silence de la nature engendre une nostalgie qui fait faire retour à l'expérience profonde, alors que l'homme encore proche de la nature goûte ce silence comme une simple évidence.

Dans tous les pays du monde, le paysan fait subir à l'étranger entrant chez lui pour la première fois « le test du silence ». Il ne mesure pas la valeur humaine du visiteur à ses premiers mots. Une gesticulation indiscrète, un regard perçant et direct lui sont suspects. La tête un peu penchée, il prête l'oreille au silence qui se dégage de l'atmosphère de l'étranger. Il interroge l'« aura » expressive de la substance, les vibrations silencieuses qui enveloppent un être au-delà de ses gestes et de ses paroles.

L'art de tout maître consiste à apprécier l'équilibre et le degré d'ordre intérieur de l'autre, non par ses paroles ou par ses capacités, mais par la mesure et la qualité de silence qu'il rayonne.

« Qu'est-ce que la maturité ? » A cette question Stomi Takahashi, le philosophe de Sendai, s'étant tu un instant, me répondit en souriant : « Le vaste silence ».

Du grand chercheur Sören Kierkegaard on dit ceci :

> A mesure que sa prière devenait plus méditative, il avait de moins en moins de choses à dire. A la fin il devint tout à fait silencieux. Silencieux et, ce qui est encore plus, opposé, s'il est possible, au discours, il ne fit plus qu'écouter. Il pensait d'abord que la prière est parole. Il apprit ensuite que prier n'est pas seulement se taire mais entendre. Et c'est ainsi : prier ne signifie pas s'entendre parler soi-même, prier signifie devenir silencieux, être et rester silencieux, jusqu'à ce que dans la prière on entende Dieu (I).

Le malaise de notre temps

Le malaise de l'homme contemporain, « héritier des temps modernes », tient avant tout au fait que son axe vital n'est plus le Soi divin présent en sa conscience intime, mais le moi profane qui l'emprisonne. Le centre qui lui donne son sens n'est plus le Tout qui embrasse et gouverne toutes choses, ce n'est plus Dieu. C'est l'homme que sa puissance rationnelle et sa capacité de servir en surmontant son moi égoïste ont persuadé de son indépendance et de sa valeur propre. Cela implique, avec la perte de l'enracinement dans la transcendance, la sécularisation de toute la vie et de tout sens de l'existence.

Dans la mesure où la vie se réduit à une structure que l'on peut connaître et organiser rationnellement, et où tout bien dépend du bon fonctionnement de cette structure, l'homme en devient le fonctionnaire, même s'il est au service de « valeurs supérieures » ou de la communauté. Il se limite en devenant simplement un « chargé d'affaires » ayant des fonctions et des activités mesurables ou quantitativement évaluées. Cette dépersonnalisation de la vie va bien au-delà d'une nécessaire mise entre parenthèses de l'aspect individuel et du moi privé, au-delà aussi de l'exigence d'activité désintéressée valable dans toute société organisée : La « personne profonde », insaisissable par le rationnel, n'est plus prise en considération. Eliminée en tant que facteur essentiel, elle devient par là même un néant car, dans notre univers humain, seul est réel ce à quoi nous accordons de l'importance.

Le mépris de l'individualité secrète et la négation de la profondeur transcendante de l'Etre essentiel sont le résultat de cette exclusion de l'élément personnel. L'intégrité essentielle de l'homme est ainsi privée de son noyau et de son centre car, en celui-ci, l'homme est quelque chose qui le transcende lui-même. Mais il n'est dans son véritable centre que si la forme de vie de son être-dans-le-monde reste elle aussi, en son mode individuel, conforme au Tout supra-terrestre qui est sa demeure fondamentale.

Un trait particulier de cette carence est l'accentuation excessive de l'aspect viril et actif de l'esprit humain, celui qui définit et discrimine, ordonne et délimite. Il s'affirme aux dépens des forces féminines de réceptivité et de souplesse, les forces de fusion qui effacent les frontières, les énergies féminines qui, dans le secret, portent, protègent et transforment. De cet excès d'esprit viril résulte un terrible rétrécissement de la vision. A travers le prisme du regard masculin qui définit objectivement, et à cause de sa conscience orientée sur la possession, la sécurité et l'efficacité, le Logos se réduit à la raison, les forces cosmiques aux énergies psycho-physiques « tangibles », l'amour à une forme de fixation. Tout, absolument tout, même l'homme, devient un « objet » que l'on peut manipuler.

Mais le refus de la profondeur transcendante de notre Etre personnel et de son témoignage dans le monde est ici l'élément décisif. A cause de ce refus, la victime du moi profane, en chacun de nous aujourd'hui, est notre Etre essentiel impossible à saisir objectivement, le mode de présence en nous de l'ETRE qui est la réalité fondamentale de notre existence et que nous sommes destinés à manifester, chacun à notre manière particulière. La prise de conscience intime de sa présence détermine toute maturation. Lorsque la conscience du réel est dominée par la raison, tout ce qui ne se soumet pas à son ordre ou qui le dépasse, donc aussi la « transcendance », devient irréel ou gênant et se trouve mis au compte de la simple croyance, de la fantaisie ou de la spéculation métaphysique.

Cependant, tout ce que l'homme connaît, ce qu'il croit pouvoir dominer d'une façon permanente grâce à ses capacités naturelles, se fige ou se dissout s'il n'est plus en contact avec son Etre essentiel, car il y manque le souffle créateur et libérateur de la vie surnaturelle qui féconde toute réalité.

Pour que l'homme atteigne sa maturité, que son action soit bénie et sa liberté authentique, il lui faut accepter son Etre essentiel, c'est-à-dire la manifestation individuelle de la vie surnaturelle présente en son corps terrestre. Il lui faut l'admettre dans sa conscience responsable, tenir et garder le fil d'or qui le relie à lui, même au cours de son activité dans le monde. Le comble de l'immaturité et de la servitude est donc l'attitude où l'homme, se croyant capable d'indépendance à l'égard de son Etre essentiel, fait de la conscience du réel où la transcendance n'a pas de place l'instance suprême. Il aboutit fatalement ainsi à une souffrance de plus en plus grande où s'exprime le refoulement de son Etre essentiel (X).

La formation du moi et l'Etre essentiel

Le problème de la formation du moi est un des thèmes humains fondamentaux. La relation juste de l'homme au monde, à lui-même et à la transcendance dépend de la formation d'un moi juste. Mais, de même que toute psychologie ne mène finalement à un résultat valable que si elle part d'un point de vue métapsychologique, on ne discernera exactement la réussite ou l'échec de la formation d'un moi existentiel juste que si tout ce problème est abordé sous l'angle du surnaturel, c'est-à-dire de l'origine et de la vocation transcendante de l'homme.

Au commencement et à la fin, à l'origine et dans l'épanouissement de toute vie, il y a le transcendant « Je suis ».

L'homme pressent, à l'arrière-plan, au centre et au-dessus de tout ce qui est, le grand « Je suis » comme la « paix de l'Etre divin », dont il est issu et auquel il retourne : création - libération - création sans fin. Compris ainsi, le « Je suis » signifie ce qui embrasse et gouverne toutes choses ; son « Verbe » habite l'homme, lui donne une forme corporelle et une conscience incarnée. Par cette conscience et cette fome ce Verbe veut être manifesté dans le monde.

Chaque être, et l'homme en particulier selon sa spécificité humaine, est appelé à vivre, de la manière qui lui est propre, le principe divin. Les modes et les degrés de cette prise de conscience caractérisent la thématique de la vie humaine. Le grand « Je suis » se manifeste en chacun dans les multiples manières de dire « je suis ». D'abord caché, il apparaît un jour, dans l'homme souffrant de son absence, par une lumière qui transfigure tout. La méditation, vécue comme un exercice de transformation, aboutit elle aussi au « je suis » d'une profonde et totale libération.

Au niveau de sa conscience naturelle, l'homme ne dit pas « je suis » mais « je suis moi ». Le moi de ce « je suis moi » est le centre de la conscience humaine naturelle. Il est une condition et une composante indiscutables d'une vie humaine pleinement développée. Il forme la base de la conscience conditionnée par le monde et orientée vers lui, et le centre de la vision du monde de l'homme naturel. Avant la formation de ce moi, l'homme reste encore lié à l'ordre cosmique qui le protège, mais il est aussi livré aux forces de la vie. Il n'est pas encore un sujet. Dans la petite enfance, comme pour l'homme primitif qui laisse sa propre vie se mêler étroitement à celle de sa communauté, il ne peut encore être question de conscience, de soi ni du « monde ». Intimement lié à ce qui l'entoure, l'individu vit de sa participation au tout qui le protège et le porte.

Le « je suis moi » caractérise la conscience d'une identité déterminée. Cette conscience pose trois affirmations :

1. « Je suis moi et je veux le rester » - c'est-à-dire la permanence du moi à travers tous les changements.

2. « Je suis moi, avec ma propre individualité, destiné à ma forme propre » - c'est-à-dire la particularité de l'être-moi et la *différence* avec les autres.

3. « Je suis moi et je m'affirme contre l'autre (toi) », autrement dit j'affirme la *séparation* et l'opposition de l'être-moi à l'autre.

Devenu conscient de ce moi, dans la mesure où l'homme se détermine uniquement par cette conscience, il quitte l'unité de la vie originelle au-delà des contraires. Par son « je suis moi », l'homme, qui se sent toujours un avec son propre corps, perçoit la vie par antinomies : opposition entre le moi et le monde, ici et là-bas, avant et après, en haut et en bas, ciel et terre, esprit et nature, etc. Tant qu'il s'identifie entièrement à ce moi, il voit et juge tout selon ses catégories. Ce qui ne s'insère pas dans le système de l'espace et du temps, de l'identité et de la causalité, ne peut être perçu ni considéré comme une réalité. Que reste-t-il donc là quand ce moi cesse et disparaît ? Il ne reste rien « là », pense l'homme « occidental » identifié à ce moi. C'est à ce moment, dit depuis toujours la sagesse orientale, qu'apparaît justement la réalité qui « n'est pas de ce monde ». Mais la première est la seule réalité qu'admette le moi. L'autre, celle qui dépasse les frontières de la réalité du moi, c'est-à-dire qui la transcende, est au-delà des cinq questions : Quoi ? Quand ? Où ? D'où ? Vers quoi ? [1]. Comment connaissons-nous son existence ? Par les expériences où *ce* qui est conscient n'est pas le moi définissant mais une forme de conscience intériorisée qui saisit, préserve et féconde. C'est la conscience intérieure pénétrée par le Soi. Plus l'homme s'attache à son moi existentiel, plus se creuse l'opposition entre le besoin de permanence - et l'ordre conscient lié au moi - et l'Etre essentiel qui, en lui, tend à une perpétuelle transformation.

L'homme participe à l'ETRE, par son essence, d'une manière individuelle. Dans sa petite existence entre la naissance et la mort, il participe à la grande Vie qui transcende le temps et l'espace. L' « Etre essentiel » est le mode par lequel l'origine infinie de l'homme est présente dans la finitude de son moi contingent. Il est la façon dont l'ETRE tend à se manifester dans le monde en une forme déterminée. Ainsi l'Etre essentiel est aussi le principe formateur, la voie intérieure innée l'amenant à la forme qui lui est destinée. Cette forme sera toujours aussi celle de son Moi. Mais le Soi ne peut se révéler dans le moi existentiel physique que dans la mesure où l'homme, tout conditionné qu'il soit par le monde, reste - ou redevient - « corps et âme », transparent à son Etre essentiel. Le moi peut donc être réussi ou non. Il est réussi lorsqu'il n'empêche pas, lorsqu'il rend possible et même assure sa transparence à la manifestation de l'Etre essentiel en une forme individuelle qui lui est propre. Mais l'évolution ordinaire de l'homme, comme être conscient, apporte avec elle la suprématie de la raison qui définit toute chose, crée un ordre statique et, pour subsister, consolide sa position. Elle barre ainsi le chemin à l'éclosion

1. En allemand : « les cinq grands W » : Was, wann, wo, woher, wohin (n.d.t.).

d'une forme dont l'harmonie avec l'ETRE exige une constante transformation. La participation à la plénitude, à l'ordre et à l'unité de la vie éternellement créatrice est péniblement contrariée par ce mode de conscience - et pourtant c'est lui qui rend l'homme capable d'évolution et d'organisation dans le monde.

L'ordre de conscience centré sur le moi entraîne en premier lieu une vision du monde qui voile la Vie supérieure. Axé sur l'origine naturelle de l'homme, il rejette d'abord dans l'ombre son origine céleste, et c'est la source d'une souffrance spécifiquement humaine. Tôt ou tard, cependant, la limitation douloureuse de cette conscience éveille l'homme à la nostalgie de l'unité initiale de la vie. Elle forme un jour, dans certaines expériences, la toile de fond sur laquelle se détache et se révèle l'éclosion de l'ETRE, du « Tout Autre » qui brise les frontières. Mais, sans la formation du moi existentiel, conditionné par les contraires, il n'existerait pas « d'expérience » féconde de la transcendance au-delà des contraires. Retrouver intérieurement cette transcendance après la chute, redécouvrir en elle la racine de tout sens, la patrie protectrice qui n'est pas de ce monde, afin de lui permettre de se manifester au sein de l'existence, telle est la vocation de l'homme. C'est le nerf secret de toute aspiration humaine, de toute quête de bonheur, de réalisation et de paix ; ce qui la contrarie est la source de toute détresse. Le seul fait de cette aspiration, de cette nostalgie et de cette quête représente déjà une *expérience* et la promesse d'une force dont le règne est universel, d'une *connaissance* indiscutable - cela pour l'homme qui a réussi à briser, courageusement et sans crainte de châtiment, les liens de la seule conscience objectivante et de son univers de représentations figéees.

Un jour, poussé par le désir d'échapper à la souffrance que lui causent les limites d'une conscience attachée au seul moi existentiel, l'homme en vient à réfléchir. Il s'interroge su la structure particulière de cette conscience qui rétrécit la réalité du moi. Cette réflexion nécessaire lui fait pressentir la voie qui mène, à travers les expériences, à l'intégration avec l'ETRE, hors de la carapace du moi. C'est aussi le chemin qui conduit à la formation d'un moi mis au service de l'ETRE et non opposé à lui. Car tout dépend finalement de ce moi juste. Il ne s'agit pas de détruire n'importe quel moi, mais de se libérer d'un moi faux et de réaliser un moi profane transparent à l'Etre essentiel.

L'opposition entre le moi dépendant du monde et le Soi lié à l'ETRE est la source d'un antagonisme inéluctable, inhérent à l'homme. Il doit être vécu dans une prise de conscience toujours plus grande du lien d'enracinement dans l'ETRE et du témoignage qu'il faut lui porter dans le monde. Une activité humaine conforme à l'ETRE dans le monde dépend autant des fréquents retours de la pensée sur le lien à l'ETRE que de la décision avec laquelle l'homme résiste à la tentation de « s'épanouir » exclusivement, soit dans le monde, soit dans l'ETRE. Ainsi doit-il être amené à témoigner de l'ETRE surnaturel dans le monde selon sa forme individuelle et sous sa propre responsabilité. L'homme est appelé à continuer l'œuvre divine, d'une manière humaine et dans un univers humain. Le reconnaître est le sens même de son autonomie et de sa liberté, c'est aussi le fruit de la souffrance de sa « chute ».

La force, la tendance fondamentale, le « principe » du moi existentiel est de *définir*. L'homme devient un moi en pensant « je suis moi », c'est-à-dire qu'il affirme lui-même son identité. C'est ainsi seulement qu'il acquiert sa « position », son « état ». A partir de cet état de moi se construit le monde en tant qu'opposition. Sous quelque angle que ce soit, il devient alors un objet (Gegen-stand) déterminé. Le « monde » propre à l'homme prend le sens d'une structure autonome, objective et définie. Avant ce stade, la vie forme, avec ceux qui la vivent, le « milieu », un amalgame complexe qui n'est pas encore un univers détaché et indépendant. Une position solide du moi, dans un monde objectivement déterminé, est nécessaire à l'homme. Cela devient cependant dangereux s'il cherche à s'y fixer exclusivement et à s'y « calfeutrer ». Une des constantes de la vie humaine est de se bâtir sur une réalité théoriquement ou pratiquement définie, indépendante du sujet humain. L'autre tendance, celle du sujet qui cherche à se libérer de sa souffrance dans le monde, agit sans cesse en contrepoint (IV).

L'ÉTONNEMENT ET LA SOUFFRANCE

Deux tendances amènent l'éveil, la croissance et l'accomplissement de l'esprit humain, mais elles sont aussi pour lui un danger. L'une est l'étonnement, l'autre la souffrance. Ces deux forces sont certainement à l'œuvre en tout homme. Il faut apprendre à discerner l'action propre à chacune d'elles et le danger d'une influence exclusive de l'une ou de l'autre, pour les considérer ensuite ensemble correctement et coordonner leur action d'une façon positive.

L'étonnement pose les questions : « Qu'est-ce que ceci ? Quel est le rapport entre ces choses ? D'où cela vient-il ? Quelles conséquences cela peut-il avoir ? » Chacune de ces questions met l'homme en face d'un objet autre que lui-même, qu'il place au premier plan de son intérêt pour le connaître ou le dominer, le structurer ou le réaliser. Devant cet objet, celui qui interroge se retire lui-même au second plan. Le sujet qui s'étonne s'efface devant l'objet de sa surprise dès qu'il lui paraît digne d'être connu. A l'opposé, lorsque la souffrance est l'agent du mouvement intellectuel, celui qui souffre devient lui-même le facteur déterminant, décisif et directeur. L'objet mis en face de lui ne tient pas son sens de ce qu'il est en soi, mais du fait qu'il est pour le sujet favorable ou menaçant, qu'il l'assure ou le remet en question. L'objet devient ainsi de plus en plus pour le sujet un motif de creuser sa propre profondeur, indépendante du monde, c'est-à-dire de tendre vers sa propre intériorité.

Celui qui s'étonne est attiré par une réalité indépendante de lui-même. Celui que la souffrance atteint voit en toute réalité ce qui le touche, car le centre de la réalité qui le meut et lui-même.

Par l'étonnement comme par la souffrance la VIE insondable pousse l'homme vers la conscience de soi. A travers l'étonnement, cette vie prend forme dans la conscience objectivement connaissante de la « tête », chercheuse de clarté. Dans la souffrance intérieurement ressentie, c'est la conscience du « cœur » qui cherche la délivrance. De la première naît la mission de connaître et de former une réalité conçue comme un objet indépendant et autonome dans son fonctionnement, ou comme une œuvre valable, une réalité objective donc, débarrassée de toute scorie de sensibilité subjective. La seconde engendre le devoir de maturation du sujet libéré de l'illusion qui lui faisait imaginer un monde objectif. Mais le mouvement constant de son devenir intérieur l'oblige alors à accepter, sans se laisser troubler, un monde instructuré, dangereux, en perpétuelle transformation. De ce côté règne une image de la vie dominée par la vision d'un sujet finalement affranchi de toute réalité du monde. De l'autre côté, c'est la représentation, dégagée de tout vécu subjectif, d'une réalité existant en soi et que l'on peut appréhender ontologiquement. A cette réalité il faut croire et on doit la servir. L'esprit s'oriente alors vers ce qui résiste au temps : la matière indestructible du « marbre », la « création » d'une œuvre d'art ou d'une découverte dont le contenu incarne un sens ou une valeur supérieurs à la temporalité. Le monde correspondant à la vue la plus haute serait alors, pour les hommes qui l'habitent, une structure ordonnée et durable de données techniquement maîtrisées. Ses organismes et les relations humaines y fonctionneraient sans heurts et l'ensemble formerait un tout parfait. Dans cette conception règne la finalité d'un monde délivré de tout caractère transitoire où, dans une harmonie sans ombres, brillerait une lumière d'éternité. Tendre à un tel univers devient alors le moteur et la justification de toute évolution vers l'homme parfait. Car une pleine humanité se réaliserait alors au service de cette finalité.

Le modèle de vie suscité par la souffrance est l'opposé de la réalité objective. Le sujet lui-même, en son plus profond espace intérieur, y est l'ultime réalité. Celle-ci ne concerne plus un objet, indépendant de toute conscience. C'est au contraire une conscience dépouillée de tout « quelque chose », libérée de la puissance de l'objet, qui devient ici le mobile et l'espoir de l'existence humaine. Aucun objet, détaché de l'homme en tant que réel objectif et inaccessible au vécu humain, n'est plus en cause : seule la suprême intériorité, l'ETRE de tous les êtres, s'ouvre, par une conscience supérieure, à l'expérience la plus profonde du sujet et, par elle, devient l'accomplissement du destin humain, la liberté, la délivrance et la paix suprême. Lorsque l'expérience la plus intime devient elle-même le lieu et l'asile de la réalité véritable, l'idée qu'un monde objectif, étranger à l'univers du vécu, puisse être la réalité définitive paraît une absurdité. Là où le but recherché est une conscience que ne trouble plus aucun objet, la définition d'un « quelque chose » et la formation de la conscience objective naturelle paraissent déjà le commencement de toutes les déviations. Quand cette conscience s'érige en maître absolu, elle constitue l'erreur fondamentale de l'esprit humain.

La vie humaine est toujours tendue entre ces deux directions : l'intelligence orientée vers ce qui est défini, et la souffrance qui aspire à la délivrance. Quand l'une des deux tendances cesse d'admettre l'autre, la vie humaine risque de sombrer ou de perdre son sens. Le tourment éprouvé lorsqu'on manque la voie est, à vrai dire, la condition nécessaire à la découverte consciente de la vérité et de la voie juste, et à l'intégration finale des forces spirituelles nées de la souffrance et de l'étonnement. La prédominance de l'aspiration vers la libération caractérise le sentiment vital de l'Orient. Le règne de la « réalité objective » marque la civilisation occidentale. La vision de la vie qui sous-tend la pensée chrétienne apporte l'abolition créatrice et rédemptrice de cet antagonisme. Là se rencontrent, au service de l'ETRE tendant à se faire jour dans l'homme souffrant comme sujet, la connaissance et la forme du monde objectif, et l'ETRE devenant à son tour le facteur de structure et de sens de toute transformation dans le monde. Vocation de l'homme en tant que personne, cette vie « intégrale » est finalement le critère et la mesure de toutes les étapes du devenir humain (XV).

Etonnement - souffrance, racines dynamiques de l'esprit ! Tout d'abord apparaît l'étonnement. Il est l'énergie par laquelle l'homme se réalise toujours davantage dans le monde objectivement saisissable. La souffrance, elle, naît d'abord de la confrontation avec l'existence comme une détresse justifiant chez l'homme un certain mépris à l'égard d'un monde dont il voudrait être délivré. Pourtant là n'est pas la solution. Quand l'homme cesse de limiter son regard à sa propre souffrance pour prêter attention à l'humanité malheureuse, il est contraint de reconnaître l'importance du monde qu'il doit comprendre et maîtriser rationnellement. Et, bien que les questions soulevées par l'étonnement conduisent certainement au progrès de la raison et à la « réalité objective » étrangère au sentiment, l'étonnement, en tant que phénomène primordial, reste du commencement à la fin l'expression de cette « surréalité » qui se dérobe à la raison et tend vers la lumière aussi bien par notre « réalité de tête » que par notre douloureuse « réalité du cœur ». Les impulsions vitales nées de l'étonnement comme de la souffrance ont un point commun manifeste : servir la délivrance et la rédemption que l'homme, toujours et partout, supplie les dieux de lui accorder. Mais peut-être parviendra-t-il un jour à comprendre le sens de la vie qui, par l'étonnement comme par la souffrance, l'entraîne en avant : libérer le divin en lui de la prison où l'a jeté son origine terrestre.

LE MOI EXISTENTIEL RÉUSSI

Le moi existentiel réussi pourrait se décrire ainsi : celui où l'homme trouve son bonheur et sa liberté dans le témoignage et au service de l'ETRE. Il serait une forme vivante, transparente au Soi, toujours et en toute circonstance en mouvement autour de l'axe d'un devenir conforme à l'ETRE. Il serait capable d'une continuelle transformation conforme à son individualité propre, restant dans toute forme transparent et, dans toute transparence, forme. Cette « forme qui permet la transparence » et cette « transparence qui est forme » sont finalement le but de tout exercice spirituel.

Le moi existentiel réussi a déjà rempli la première fonction de formation du moi : l'autonomie, basée sur la domination des pulsions naturelles et sur l'aptitude à la connaissance rationnelle, qui fait de lui une personnalité accessible aux « valeurs ». Mais en outre l'homme dont le moi profane est réussi est parvenu au contact avec son Etre essentiel. Ce qu'il *est* en son Etre - et non ce qu'il a, ou son savoir ou son pouvoir - lui apporte la confiance en face de la douleur, la foi en un sens infini, en la plénitude et l'ordre de la Vie sur laquelle repose toute chose. Par l'unité de l'ETRE, qui le protège en son Etre essentiel, à travers tous les contraires, il se sent un aussi avec le monde. Naturellement, même dans le moi réussi, l'homme vit dans le monde en s'orientant sur ce qui est, pour lui, solidement établi. Mais il tient tête aux changements, aux dangers sans cesse renaissants et à l'impermanence de la vie dans la mesure même où il ne s'identifie jamais tout à fait à la volonté de durer du moi. Par son Etre essentiel, il supporte la constante transformation qui est le propre de la vie, et qui inclut la mort autant que la naissance. « La mort est le prix du péché » ne signifie pas alors le « tu dois mourir parce que tu as péché ». La *terreur* attachée à la mort correspond à une volonté de durer qui refuse la disparition, inhérente à la vie au même titre que la naissance.

Pour l'homme au moi existentiel réussi, la vie ne s'ordonne pas autour d'une position dans le monde ; elle tend vers la transparence à l'ETRE surnaturel et la transformation qu'il exige. Le moi réussi ne s'oppose pas au Soi : il est l'instrument de sa manifestation, car ce « moi réussi » est la forme d'existence humaine par laquelle l'homme témoigne de l'ETRE dans le monde.

L'homme qui a réalisé un moi juste ne vit donc pas seulement par lui. En tant que moi il *vit,* il est vrai, en fonction du monde spatio-temporel, mais il *existe* par son Etre essentiel, au-delà de son être-dans-le-monde. Le centre de l'ordre de conscience existentiel qui manifeste son origine terrestre est bien le moi définissant, mais celui-ci est englobé dans l'unité, axée sur son origine céleste, d'un soi en devenir. L'essence qui tend à se manifester met le moi au service de l'ETRE.

Sa dépendance à l'égard du principe du moi constitue pour l'évolution humaine un double danger. Ou bien l'influence prédominante du moi existentiel empêche d'admettre le centre où s'exprime l'intégralité de la VIE : son ordre statique bloque l'accès à l'ETRE et le souffle de la grande Vie. Ou bien le moi insuffisamment formé ne peut réaliser la forme, la structure faute desquelles l'Etre essentiel ne devient pas un « homme » capable de vivre dans le monde.

Lorsque l'homme reste lié à son Etre essentiel, sa vie « joue », par la secrète élasticité des profondeurs, autour de l'axe à la fois ferme et mobile d'une transformation sans fin. Cet axe n'existe pas quand la formation du moi a échoué, soit que le moi s'en tienne aux « positions » établies et s'enferme dans une carapace rigide, soit que, prêt à se dissoudre, il flotte sans forme ni direction. Il lui manque le maintien qui vient de l'Etre essentiel et qui exclut aussi bien la rigidité que le relâchement.

L'homme ressent de deux façons le passage de son moi existentiel vers la transcendance d'une instance plus vaste dans laquelle il est englobé : par la percée de l'ETRE en tant que Logos, ou par un afflux de forces cosmiques. L'un et l'autre précèdent la formation de la personne au plein sens du terme.

La participation aux forces du cosmos ou du Logos, qui embrassent le moi profane, est, en soi, impersonnelle. Les forces chtoniques sont pré-personnelles ; les forces spirituelles supra-personnelles. En transcendant son moi naturel, l'homme peut s'établir dans les unes ou dans les autres et agir à travers elles sans être lui-même une personne, au sens le plus élevé du terme, et sans s'engager en elles comme personne. Il peut être saisi par les forces de la terre ou par celles de l'esprit. Son petit ego peut être alternativement accueilli et même aspiré par elles de telle sorte qu'il semble alors vidé de son moi, non seulement dans la griserie de l'enthousiasme, mais aussi dans son activité quotidienne responsable (par exemple de guérisseur, ou de guide spirituel). Dans cette activité, qui peut être très salutaire, il ne se donne pourtant pas entièrement lui-même : lui-même comme cet individu réel, unique, dans un corps que des milliers de circonstances ont contribué à former, individu inséparable de son destin personnel tissé de sa joie et de sa peine, de son espoir et de son angoisse. En un mot il n'est pas vraiment présent, comme « cet homme », dans son action bienfaisante. Tout véritable enseignant, médecin, thérapeute, mais aussi tout guide spirituel, connaît le pas spécifique franchi dans la relation avec celui qui lui est confié, à l'instant où il ne peut plus faire autrement que de s'ouvrir à l'autre. Dépouillé de sa charge professionnelle, il s'avance à sa rencontre, totalement lui-même. Malgré tous les dangers que cela comporte, il sait et il sent que, maintenant seulement, il le touche vraiment, de personne à personne [2].

Certes, pour qu'un bien en résulte, celui qui donne et qui guide doit avoir atteint son intégration de personne. Trop souvent, ce premier engagement personnel véritable ne se produit pas, justement parce que l'homme lié à des forces cosmiques ou spirituelles est en même temps dépouillé de son moi. Il vit, aime, crée et agit alors, soit par son centre terrestre, soit par son centre céleste, mais pas encore par le noyau de son « être-

---

2. Voir H. Trüb, *Heilung aus der Begegnung*, Stuttgart, 1953.

dans-le-monde » en tant que personne. Son action ou son aide éventuelles sont pré-personnelles comme celles de certains guérisseurs, impersonnelles comme celles de certains prêtres. L'homme accompli n'est pas seulement un chaînon entre le ciel et la terre, entre la nature et l'esprit, et tantôt l'un tantôt l'autre : il est la fusion de l'un et de l'autre dans sa conscience éveillée (XIII).

Les déformations du moi

Il existe deux évolutions manquées du moi. Dans la première l'homme échoue dans une carapace figée. L'autre ne lui permet pas de trouver une forme de moi déterminée.

1. *Le moi prisonnier de sa coquille*

Dans la déformation du « moi figé », le principe du moi définissant a pris son indépendance. Il est dans la nature du moi d'observer, puis de fixer ce qu'il a constaté et de s'affirmer lui-même dans quelque chose d'établi, de stable. Cela peut être dans le domaine pratique de la vie quotidienne, dans celui de la connaissance théorique ou dans son comportement éthique.

L'homme enfermé et durci dans la coquille de son moi existentiel s'en tient obstinément à ce qu'il a acquis, intérieurement ou extérieurement, et souffre de tout changement. Il voit sans cesse remettre en question des « positions » qui lui semblent objectivement sûres : ses théories et ses « opinions sur le monde », ou encore ses positions pratiques, utilitaires ou éthiques. Ses soucis et son angoisse ne lui laissent pas de repos. Il souffre des contradictions entre l'image idéale qu'il se fait de la vie et de lui-même et ce qu'ils sont en fait. Il se défend en se retranchant obstinément, souvent en dépit d'objections valables, derrière son « point de vue » ou son « système ». Ses convictions et ses actes sont déterminés par des idées arrêtées sur le réel, ou ce qui devrait être tel. En fin de compte, il n'admet que l'explicable et l'irréprochable parce que c'est « parfait en soi ». Il se sent donc contraint de classer, vérifier, corriger, défendre, assurer sans cesse, et de tenter de « faire » encore mieux. Ainsi la plénitude de la Vie qui lui est destinée est-elle sacrifiée à la rigueur de son point de vue éthique.

L'obsession du perfectionnisme est un symptôme de la captivité du moi à l'intérieur de sa coquille. Ce moi est toujours irrité que le monde ne corresponde pas à ce que, selon lui, il devrait être. Ulcéré par les injustices du sort, ou désespéré de sa propre insuffisance, il est tôt ou tard menacé d'un nihilisme dont les remous entraînent aussi le naufrage de sa croyance en Dieu. « Rien n'a de sens. » La vie ne se déroule pas d'après l'image précise qu'il se fait d'un Dieu de toute bonté et de toute sagesse. Il rejette alors ses croyances. Enfermé dans le cercle de son moi, comment saurait-il qu'il s'agissait d'une pseudo-foi ? Car, où cesse l'entendement du moi, là seulement commence la foi. Il ne sait pas non plus qu'il existe un SENS au-delà du sens et du non-sens, et que, pour le découvrir, il faut avoir atteint la limite de l'absurde des explications égocentriques ou rationnelles pures et, arrivé là, accepter son échec.

La vie réduite au pragmatisme révèle l'emprisonnement du moi dans sa carapace et son besoin angoissé de sécurité absolue. Il manque à ce moi prisonnier la confiance fondamentale en la Vie qui est l'expression de la présence de l'ETRE. Que lui reste-t-il donc à faire sinon de chercher la sécurité par ses propres moyens ? Son estime de lui-même repose alors uniquement sur ce qu'il possède, ce qu'il peut et ce qu'il sait. L'homme captif de son moi existentiel passe son temps à tenter d'améliorer et d'assurer sa position. Autant que par l'intérêt matériel, il est poussé par le besoin d'être reconnu et par le souci de sa réputation. S'il se sent agressé, il se raidit et réagit « avec amertume » : il se rétracte au lieu d'oser répondre comme il en aurait envie. Par faiblesse, ou pour ne pas compromettre son image de marque, il refoule et son premier mouvement et la réplique qui s'impose. Le poids de la « charge » qu'il n'a pas extériorisée pèse alors sur lui et crée peu à peu cette angoisse essentielle qui, à la différence de la peur devant quelque chose de précis, traduit ce qu'on s'interdit d'exprimer et mène à la dépression. Plus sa carapace se durcit et l'enferme, plus il risque d'éclater ou de s'effondrer.

Sur le plan social, l'homme prisonnier de son moi est égoïste et égocentrique, incapable d'amour. Parce que ses pensées tournent constamment autour de lui-même, il a de la peine à se mettre à la place des autres. L'ouverture et le don de soi lui sont interdits car sa conscience de lui-même, manquant du soutien de son Etre essentiel, l'oblige à rester sans cesse sur la défensive. Parce qu'il n'a pas de racines dans l'ETRE, tout geste oblatif lui fait craindre de s'abandonner. Peu enclin à se rapprocher des autres, il ne participe pas aux forces qui soutiennent et protègent la communauté et, comme il se ferme à tout contact authentique, il n'a pas non plus part aux forces suprapersonnelles de la grande nature et de la spiritualité qui, audelà de la simple relation, ouvrent au contact véritable.

L'homme captif de son moi est étranger à sa propre profondeur. Il s'est coupé de son Etre essentiel et par là de la plénitude régénératrice des forces d'ordre et d'unification vivantes en lui par l'ETRE qui transcende tout ordre existentiel. Comme il admet exclusivement ce qui ne met pas en question une « position » farouchement défendue, il s'isole non seulement des forces amies universelles dont le flot coule vers lui mais aussi - et jusqu'à la stérilité - de sa propre source intérieure de force structurante. Parce qu'il ne peut pas s'intégrer à sa nature profonde. il s'immobilise sans se transformer ni mûrir. Finalement, même la réussite dans le monde ne lui permet pas de surmonter son indigence intérieure. Bien au contraire, le succès l'engage toujours davantage dans une impasse. Ce succès qu'il tient de ses propres forces ne fait que durcir et élever encore le mur qui le sépare de son Etre essentiel. Ainsi s'explique le fait, inexplicable en apparence, que la renommée seule ne soit pas, même pour le « juste », un bienfait durable. En effet, chez l'homme « arrivé », l'anxiété, la méfiance et le vide augmentent souvent dans la mesure même où, environné d'admiration et d'envie, il s'impose et « s'élève ». Plus sa situation gagne en importance, plus il risque, faute d'appui en son Etre essentiel, de voir s'effondrer son édifice social auquel manque une base intérieure indépendante des circonstances. Car seul est durable en ce monde ce qui s'enracine dans le surnaturel.

2. *L'homme sans coquille*

Pour vivre dans le monde, il faut à l'homme une *forme* appropriée à l'univers et à lui-même. Lorsque le moi est trop fort, cette forme se durcit et se ferme. Rien n'y entre et ce qui est à l'intérieur ne peut pas en sortir. L'homme n'est alors ni accessible au monde ni transparent à son Etre essentiel. La déformation opposée le laisse trop ouvert. Dans ce moi tout entre et rien ne reste. L'homme au moi faible n'est pas arrivé à se construire un abri solide. Il n'a pas de sol ferme et ses murs ne sont pas étanches. Les contours en sont indécis ; tout s'écarte sans défense. Les conditions nécessaires, aussi bien pour subsister dans le monde que pour accueillir durablement l'Etre essentiel et lui porter témoignage, font ici défaut.

Le sujet privé de limites est incapable de préserver son intégrité vis-à-vis du monde, il est une simple proie. Il n'a pas non plus de cohésion face à lui-même. Livré, sans liberté de décision, à ses pulsions et à ses humeurs, son inconsistance, sa dépendance de ses instincts et de ses sentiments l'empêchent de suivre une ligne de conduite ferme. « L'homme-moi », conscient de sa propre puissance, vit dans une sécurité fictive. A l'homme qui n'est pas parvenu au moi, s'affirmer dans l'existence pose un constant problème.

Il passe d'un état de faiblesse totale - car il est dépossédé de lui-même et le monde fait de lui ce qu'il veut - à des accès d'instinct de conservation faits de réactions inadéquates, agressives ou défensives, par lesquelles il cherche à compenser son sentiment d'impuissance. Les forces organisatrices et structurantes sont également déficientes chez lui. Son désordre et son imprécision intérieurs se reflètent au dehors par l'inaptitude - dont il souffre - à organiser sa vie et son environnement. Le constant danger de se perdre en s'adaptant engendre chez lui une tendance à se replier craintivement sur lui-même.

Parfois il s'arrange en adoptant des attitudes et des singularités d'emprunt auxquelles il se tient minutieusement. Pourtant, étrangères à sa personnalité, elles sont vides de vie intérieure. Il souffre de son Etre essentiel méconnu car il ne peut le manifester, faute d'une forme qui maintienne la fermeté du moi. Pour l'homme « sans moi », il n'est pas de don de soi conscient et résolu. Il vit et souffre dans un état constant d'abandon, sans maintien ni retenue. Il aime et déteste sans mesure car il lui manque sa propre mesure. Il ne sait pas non plus prendre un recul réfléchi. Rien d'étonnant à ce que la peur secrète d'être livré aux attaques et au rejet mène ce type d'homme à se réfugier dans une défensive crispée. Dans la situation inverse, l'homme-moi cherchera de temps à autre - et c'est naturel - à briser le mur de sa prison glacée en se laissant aller à une dissolvante griserie qui l'arrache à lui-même. Si le captif du moi endurci risque l'explosion et une soudaine dissolution, l'absence de cuirasse de l'extrême opposé peut le raidir tout à coup dans une attitude venimeuse et agressive.

La relation entre l'homme au moi pauvre et les forces de l'ETRE qui cherchent à se réaliser en son Etre essentiel est tragique. Ces forces font irruption en lui et lui apportent souvent un état de bonheur profond mais elles ne peuvent prendre racine. Ce qu'il a éprouvé s'évanouit parce qu'il est incapable de le laisser prendre forme. Ainsi tombe-t-il constamment de la lumière aux ténèbres, de la joie à une profonde tristesse. Ouvert sans résistance ni barrières, il se laisse submerger, de l'intérieur comme de l'extérieur, par le bonheur ou la souffrance sans que l'un ou l'autre laisse en lui de traces durables. Le bonheur disparaît et le malheur ne porte pas de fruits. C'est l'homme aux yeux tristes !

On a donc tort de voir toujours un danger de durcissement dans le maintien d'une forme solide. Celle-ci est, dès l'enfance, l'abri permettant à l'homme de conserver le mystère de son noyau intime. Cet abri n'est pas seulement une forteresse de défense contre le monde, il est aussi un tabernacle qui protège le centre sacré. L'homme sans enveloppe n'a pas formé un moi trop fort mais un moi insuffisant et il est la proie des forces au dehors et au dedans. Elles l'envahissent avec une puissance si dévastatrice qu'il ne peut leur résister, ou bien encore elles le comblent d'une joie trop grande pour qu'il puisse conserver leur don, et il reste toujours vide. S'il se produit une rencontre authentique avec son Etre essentiel, il perçoit pour la première fois avec bonheur son centre supratemporel. Alors que l'homme-moi se sent soudain libéré par l'expérience de l'ETRE et devient, grâce à elle, ouvert et aimant, l'homme au moi pauvre trouve pour la première fois dans l'éclosion de l'ETRE une forme stable et déterminée.

Les deux déformations du moi schématiquement décrites ici par opposition l'une à l'autre sont en réalité beaucoup plus complexes. La plupart du temps, le « trop » et le « trop peu » ne marquent pas dans la même proportion tous les domaines de la vie. Ils se répartissent sur des plans partiels. Le même sujet peut avoir un moi trop important sur certains points et pas assez sur d'autres. Les manifestations contradictoires du « trop » ou « trop peu » tiennent soit à la constitution du sujet, soit à son évolution. Une éducation maladroite, des rêves d'enfance, une idéologie éthique ou religieuse ou des tabous qui se sont fixés d'une façon névrotique, par exemple, engendrent ces maladies ou ces souffrances qui nuisent à une évolution conforme à l'Etre essentiel. Une thérapie fondée sur la psychologie des profondeurs est alors nécessaire.

3. *L'homme toujours adapté*

Il existe encore une troisième déformation du moi dont on oublie souvent de noter l'indocilité à l'Etre essentiel parce que, « adaptée » et ne créant pas de souffrance, elle donne une impression de conformité avec lui. C'est l'homme toujours adapté.

Son moi n'est pas durci dans une inconfortable carapace. Il n'est pas non plus tourmenté par l'absence de limites. Il n'est ni crispé ni relâché. Sa capacité d'adaptation le met à l'aise, en toute circonstance, d'une manière agréable à lui et aux autres. Il s'arrange pour protéger en souplesse le confort de son état intime contre toute attaque du dedans ou du dehors et, comme il ne heurte jamais personne, il ne subit lui-même aucun choc. Mais ce qui lui manque est la profondeur : il barbote gaiement à la surface. Décontracté et disponible, mais sans beaucoup de cœur, il est aimable sans s'engager et sans aimer. Il se prétend ouvert mais se laisse peu approcher. Il se dit ferme et vit dans un éternel compromis. Pour tous les problèmes, il a sous la main une solution qui lui coûte généralement peu. Il est l'aimable égoïste qui donne à tout le monde sans se donner lui-même et qui paraît tout accueillir et accepter sans prendre de risques ni se mettre en question. Jamais ne s'accomplit le don de soi complet et, lorsque cet homme disparaît, le vide qu'il laisse derrière lui n'est guère douloureux. Il semble accordé à son Etre essentiel ; en fait il lui arrive rarement de le sentir. Toujours adapté au monde, il contrôle automatiquement ses pulsions jusqu'à les rendre inoffensives. Il évite le trop chaud ou le trop froid, le vraiment sombre ou le trop clair et, dans un demi-jour tiède, il glisse sans froissements à la surface de la vie. Le visage sérieux ou gai, la voix expressivement basse ou claire selon le désir d'autrui, il est toujours un hôte « agréable » et recherché. Pourtant un moment vient où l'angoisse pénètre furtivement en lui. La facilité de tout finit par l'inquiéter. Il ressent sa platitude et son vide intérieur et en conçoit une espèce de culpabilité.

Un tel sujet doit un beau jour apprendre à donner son cœur, à s'engager, à oser. La rencontre avec le Soi - quand l'heure en a sonné - représente souvent pour ce genre d'homme l'expérience la plus dure. Car elle n'est pas, comme pour les deux autres types, la bienheureuse libération d'une longue souffrance. Succédant à son constant état d'adaptation, elle représente au contraire sa première souffrance et l'obligation de renoncer, pour l'amour de l'Etre essentiel, à une forme agréablement équilibrée et confortablement mise au point. Mais si enfin, « dégoûté » par ce trop facile jeu de bascule, il ose tenter le saut, l'expérience de l'ETRE le fera croître vers un bonheur particulier. Il trouvera en elle son véritable centre et sa chance de réaliser à la fois sa forme authentique et un réel dépassement de ses limites. Et ce sera là aussi sa première chance de vraie rencontre avec le Toi (III).

MAJORITÉ

La seule façon d'aider l'homme de notre temps à faire face à son malaise est d'amorcer en lui une métamorphose qui délivre sa pensée prisonnière du moi existentiel. C'est donc l'amener à devenir majeur, c'est-à-dire le mettre, en dépit de toutes les difficultés, sur la voie de la réalisation du Soi et du témoignage de l'ETRE. Il s'agit d'en faire un homme qui, intégré à son Etre essentiel et par là même lié à la Vie surnaturelle, atteigne sa maturité de personne. Parce que l'Etre surnaturel est à l'œuvre en lui, il découvre la liberté suprême de l'indépendance à l'égard du monde.

La « maturité de la personne » exige plus qu'un savoir et un pouvoir étendus. Plus qu'une morale sûre, plus que la profession d'une foi religieuse. Elle implique une transformation de tout l'être humain, grâce à un enracinement conscient dans l'ETRE, vécu en personne responsable. Le sujet parvenu à la maturité ne sait, ne possède et ne peut pas plus que l'immature, mais il *est* plus que celui-ci. La majorité dont nous parlons ici repose sur la maturité du sujet humain. Elle n'apporte pas seulement la liberté de décider son comportement dans le monde, mais aussi celle de témoigner de son propre Etre essentiel et de l'ordre transcendant qui lui est intimement lié, même lorsque la liberté d'action dans le monde est entravée. Ancré à son Etre essentiel, celui qui est parvenu à la majorité non seulement peut faire ce qu'il veut (parce qu'il ne veut plus que ce qu'il doit) mais il a le droit d'*être* ce qu'il *est*. Il peut et doit être celui qu'il *est* profondément, c'est-à-dire par son Etre essentiel, par Dieu, celui qu'il désire et doit être. Cet avoir-le-droit-d'être dans le monde ce que l'on est vraiment, essentiellement, est l'aspiration humaine fondamentale. En elle est et agit l'origine céleste de l'homme. Lui devenir conforme, la manifester dans le monde de l'origine terrestre, dans la connaissance, la création et l'amour, en cela consiste la *maturité*.

Que signifie donc pour l'homme être majeur ?

Cela signifie prendre sur soi le joug de cette liberté où l'homme renonce à son propre vouloir et fait sa volonté personnelle de ce qu'il perçoit, en une expérience profonde, comme la vision et l'exigence de son Etre essentiel. Etre majeur, c'est assumer avec confiance une utilisation juste de sa liberté personnelle.

L'homme est majeur quand son enracinement dans la foi en la transcendance rencontrée dans l'expérience est pour lui une connaissance dont la manifestation se renouvelle à chaque instant. Le fruit de la maturité qu'il a acquise est une vie conforme à sa vocation : le témoignage, dans l'existence, de l'ETRE surnaturel.

L'homme est majeur dans la mesure où il est devenu capable, par la décision qui l'engage envers la vérité contenue dans son expérience transcendante, d'obéir à l'appel de l'ETRE au-delà du temps et de l'espace, qu'il est et perçoit en son Etre essentiel, et dont il doit devenir le témoin dans l'existence spatio-temporelle. Ce témoignage ne prend toute sa valeur que s'il s'accomplit au sein de l'existence historique. L'homme vraiment parvenu à la majorité *est* son Etre surnaturel devenu réalité existentielle dans sa condition humaine.

L'homme devenu majeur manifeste la Vie surnaturelle par le constant « meurs et deviens » de son univers.

La liberté de l'homme majeur est plus qu'une liberté intérieure lui permettant de dominer le petit moi et ses pulsions primaires de plaisir et de puissance. Plus aussi que la liberté de s'élever au-dessus du monde contingent et de l'abandonner par fidélité aux valeurs absolues dans le domaine de la science, de l'art et de la philosophie. Faire preuve de la liberté essentielle de la personne, c'est faire face à son destin historique et accepter la souffrance sans essayer de se mettre « spirituellement » au-dessus de l'inacceptable, supporté au contraire avec patience comme la porte qui s'ouvre sur une autre dimension.

La maturité s'affirme seulement lorsque, devant la menace de destruction et l'absurde de circonstances trop dures pour l'endurance naturelle, l'homme résiste à la tentation de trahir son Etre essentiel par la fuite ou l'évasion dans le rêve.

L'immaturité se reconnaît lorsque tous les moyens sont bons pour subsister et que, par amour de sa tranquillité, on préfère au conflit une paix douteuse. Ou bien encore quand on justifie le mensonge à soi-même par la fidélité à des conventions sans valeur essentielle. De même lorsque l'individu n'accepte la société que si elle le protège ou l'épargne, ou lorsqu'il invoque abusivement sa foi religieuse pour se réfugier dans une fausse humilité. En bref, chaque fois que l'homme prend parti pour une harmonie périphérique contre les forces profondes qui l'inquiètent, ou qu'il se décide en faveur de « l'horizontal » contre la soumission au « vertical ».

L'homme est majeur dans la mesure où il retrouve toujours le courage de traverser les périodes sombres de la vie. Dans la mesure aussi où, accueillant et respectant le silence où résonne l'appel de la profondeur, il accepte de regarder sans voile la réalité du monde et de la laisser venir vers lui, sans crainte, telle qu'elle est. Grâce à son union à l'ETRE, toute situation le trouve ouvert au monde, simplement et sans parti pris. Il sait voir le quotidien avec des yeux neufs. Il se défie de lui-même et se garde des idées arrêtées, sur le monde, sur son prochain et sur Dieu. Chaque fois qu'il doit s'établir dans une situation stable, il conserve, par fidélité à son Etre essentiel, la liberté de rompre ses liens, de prendre sur lui l'humiliation de l'infidélité et de recommencer à nouveau en abandonnant l'acquis.

A travers toutes les situations concrètes de son existence historique et leurs modifications, l'homme parvenu à la majorité garde sa fidélité à l'ETRE. Il reste guidé exclusivement par le devoir fondamental qui l'engage et qui, pour lui, se révèle à travers *toutes* les circonstances de la vie, sans exception. Chacune d'elles devient alors « la meilleure occasion » de porter témoignage dans le temps à l'au-delà du temps, dans le contingent à l'absolu, dans le monde au surnaturel. La finalité de la vie n'est pas de dominer le monde dans le contingent, ni de fuir le contingent du destin naturel en s'évadant vers l'absolu. C'est, dans le domaine de connaissance et d'action dont on est responsable, de rendre l'existence historique, *dans* toute sa contingence et son imperfection, transparente à l'ETRE. Il faut, pour cela, se remettre sans cesse en route car l'ETRE, la VIE supérieure cachée par le devenu et les concepts objectifs, ne s'épanouit que dans un renouvellement créateur et libérateur. L'homme est majeur, donc, lorsque la roue des transformations ne s'arrête jamais pour lui et que le mot profond de Maître Eckhart : « l'Etre de Dieu est notre devenir » se réalise en un « oui » à l'éternel « meurs et deviens ».

L'homme parvenu à la majorité témoigne d'un enracinement dans l'ETRE au-delà du temps et de l'espace qui est fondé sur son expérience propre et non pas seulement sur la croyance qu'il confesse. Et dans ce témoignage il trouve la force de supporter ce qui est insupportable au moi naturel et d'accepter l'inacceptable. Cela suppose la force de se transformer, degré après degré, en se consumant toujours de nouveau. Seul celui qui est ancré dans la profondeur de l'ETRE peut dominer la peur de souffrir, toujours renaissante, du moi. Il est le seul à ne pas voir dans une harmonie sans souffrances le critère du bien, et dans l'absence de conflits la valeur suprême. Qui demeure dans le surnaturel devient capable de supporter les injustices et l'absurde du monde sans en concevoir d'amertume. Il en tire au contraire des fruits de maturation. Plus encore, à travers les injustices et les absurdités, transparaît pour lui un sens qui est au-delà du sens et du non-sens de ce monde.

Croire que l'on peut surmonter une fois pour toutes l'angoisse, la tristesse et le désespoir, c'est ne pas être majeur. Par contre, celui qui vit sa souffrance et progresse grâce à elle est parvenu à la majorité. De même, celui pour qui les dangers du monde et sa propre imperfection sont l'occasion répétée de reconnaître son identification immature au moi anxieux, triste et désespéré, mais aussi, par son contact avec la profondeur de l'ETRE, de fondre chaque fois de nouveau ce moi dans l'unité. Sous le signe d'une transparence croissante à la transcendance, sa personne, comblée et régénérée par la profondeur libératrice du Soi, peut ainsi, *dans* toutes ses faiblesses, supporter, former et maîtriser l'existence dans le monde (X).

Mais d'où tenons-nous le droit de parler avec tant d'évidence de l'Etre essentiel et de l'ETRE surnaturel ? De l'expérience.

CHAPITRE III

LES EXPÉRIENCES DE L'ÊTRE

Le postulat

La génération sur laquelle repose aujourd'hui l'avenir prend impérieusement conscience de l'origine céleste de l'homme et pressent comme une promesse le sens et la vocation qu'elle implique pour nous. D'où son exigence, de plus en plus pressante, d'informations précises sur les raisons qui justifient une distinction entre deux réalités, celle de la terre et celle du ciel. S'il ne s'agit pas seulement d'une question de croyance - expression ou produit d'un désir ou d'une aspiration, ou même de la confiance mise en la parole des Saintes Ecritures -, on doit pouvoir faire état d'expériences. Ces expériences, d'un ordre particulier, devraient nous permettre d'affirmer la réalité d'une autre dimension, qui n'est pas de ce monde, avec un droit égal à celui qui, grâce à l'expérience de nos cinq sens, nous autorise à soutenir la réalité d'un univers matériel tangible. Cette première affirmation ne doit pas seulement s'appuyer sur des expériences descriptibles et indiscutables. Il faut pouvoir produire aussi des critères de leur validité. Nous devons être en mesure d'indiquer comment des expériences légitimes se distinguent d'autres vécus tels que les projections, les effets de la drogue, les hallucinations, les fantasmes hystériques, entre autres. Nous donnerons d'abord, dans les pages qui suivent, deux exemples relatant l'expérience, ou le contact, de l'Etre. L'un est un souvenir d'enfance exemplaire, l'autre une conversation telle que l'on en a de très nombreuses aujourd'hui.

Les heures étoilées de la vie

Au commencement d'une série de consultations, une femme d'environ quarante-cinq ans me fit, pendant plusieurs séances, le récit de son existence. De ce récit je retins, après trois heures d'entretien, un moment vécu précis de son enfance, sans grande importance apparente. « Dites-moi, chère Madame, vous m'avez raconté, à votre première visite, que vous vous étiez trouvée une fois à l'église avec votre mère... La lumière, disiez-vous, tombait des vitraux d'une façon étrange. En en parlant, il me semble que votre voix avait une vibration particulière. Réfléchissez un peu. Y avait-il là quelque chose de spécial ? »

« Non, répondit-elle. Pourquoi ? C'était beau. Pourtant.. (et ce qu'elle avait éprouvé parut remonter encore une fois à sa mémoire) c'était " beau " d'une façon particulière... Oui, cela m'a frappée bizarrement autrefois. C'était très singulier. Cela n'a duré qu'un instant. J'étais... - comment dire ? - comme plongée dans quelque chose de tout à fait autre. Oui, maintenant cela me revient : tout est devenu si calme en moi tout à coup, si lumineux et chaud. » Elle s'arrêta et, avec une expression changée, un peu troublée, elle me demanda avec hésitation : « Croyez-vous que je doive y attacher de l'importance ? »

« Oui, je crois, lui dis-je, beaucoup d'importance même. Pensez-y jusqu'à demain matin et voyez si vous n'avez pas eu d'autres instants pareils à celui-ci. »

Elle revint le lendemain. Et quand le moment me parut favorable, je l'interrogeai : « Eh bien, quelque chose d'autre vous est-il revenu à l'esprit ? - Oui, dit-elle, j'ai réfléchi... deux fois encore dans ma vie. » De nouveau son regard s'intériorisa et elle continua : « C'était une fois dans la forêt. J'avais seize ans. Je ne sais pas comment c'est venu. Je m'étais arrêtée un instant. Il avait plu, le soleil tombait sur une touffe de mousse et... la même chose s'est passée... tout à fait la même chose. Au moment où, toute perdue, je regardais la mousse, c'est comme si une vague m'avait inondée... J'ai frissonné et il y a eu un grand calme en moi - et pas en moi cependant. A ce moment-là le sous-bois a craqué, j'ai prêté l'oreille et, soudain, tout était fini. » La femme se tut.

« Et l'autre fois ? » demandai-je.

« Oui, je me rappelle très exactement. C'était dans le tramway. Une vieille dame était assise en face de moi. Elle m'a regardée. C'est-à-dire, en réalité elle regardait à travers moi, mais elle me regardait tout de même. Ou plutôt son regard me frappait au plus profond... A ce moment-là j'ai eu l'impression qu'un rayon de chaleur entrait en moi, un rayon qui me libérait et en même temps renouait tout de nouveau... C'était très bon. Et ensuite il y a eu en moi une si grande force que rien ne semblait plus pouvoir m'arriver, comme si tout était en ordre. »

« Et comment reliez-vous ces trois expériences ? » demandai-je.

« C'est très simple, dit-elle, *c'était* les trois fois la même chose. » Et tout à coup son regard s'éclaira. Elle ajouta d'une voix à la fois contenue et pleine d'émotion : « Maintenant je sais ce que vous voulez dire. »

A partir de ce jour, la vie de cette femme devint différente Elle n'avait pas seulement « éprouvé » trois fois ce quelque chose, elle avait reconnu son poids et sa vraie signification. Elle avait commencé à admettre en elle cette réalité supérieure qui pénètre partout notre petite réalité. D'habitude nous lui sommes fermés, mais lorsque nous nous y ouvrons vraiment, que nous l'accueillons et nous laissons porter et croître en elle, notre vie est fondamentalement changée (III).

UNE CONVERSATION

« Que puis-je faire pour que ce que j'ai éprouvé revienne ? non, bien plus, pour que je puisse rester en contact avec ce que j'ai éprouvé ?

— Qu'as-tu éprouvé ?

— Je ne sais pas. Je sais seulement que c'était fort. Il m'en reste un tremblement intérieur.

— Beau ? Bon ?

— Bien au-delà de beau et bon. C'était simplement « cela ».

— C'est-à-dire ?

— Ce qui importe. Fort, grand. Indescriptible. Plénitude, lumière, amour. Tout cela à la fois.

— Cela t'a fait une grande impression alors ?

— Bien plus. Une impression, cela paraît tellement subjectif. C'était bien plus. C'était une présence telle que je n'en avais jamais éprouvée.

— Et toi ?

— J'ai été tout à coup un autre. Complètement libre. Tout à fait moi-même et en moi-même, et en même temps relié à tout. Je ne savais plus rien et je savais tout. J'étais chargé d'une telle énergie. Et heureux au-delà de toute mesure. Pendant un instant j'ai été complètement moi-même, non, plus du tout « moi » et pourtant moi comme jamais et bien, bien plus.

— Qu'avais-tu fait avant ?

— Rien. C'est tombé sur moi tout d'un coup. Cela m'a saisi, dominé, vidé, rempli. Cela m'a porté en moi-même, anéanti, puis sorti de nouveau hors de moi. C'est tout à fait indicible.

— Et tu avais l'esprit confus ? Et le monde autour de toi, comment était-il ?

— L'esprit confus ? Absolument pas. Jamais je n'ai eu la tête aussi claire. Encore davantage je voyais ce que je n'ai jamais vu.

— Quoi ?

— L'intérieur des choses - à travers elles -, leur « noyau ». Je ne peux pas le décrire. Tout avait un sens entièrement différent. C'était exactement comme c'était avant et en même temps bien plus, tout autre et justement à cause de cela tout à fait soi.

— Et toi ?

— Exactement la même chose. Tout autre, un autre, et à cause de cela complètement moi-même. Je ne m'appartenais plus.

— Et maintenant ?

— Ah oui, maintenant ! Je cherche quelqu'un qui m'explique. Non - pourquoi expliquer ? - quelqu'un qui me le confirme, qui me « décharge », encore plus, qui me dirige. Je sais, c'est dans cette direction que cela se trouve.

— Quoi ?

— Le sens, la raison d'être. Pourquoi justement nous sommes là. J'ai besoin de quelqu'un qui connaisse cela, qui " sache " et... »

Mille fois ce genre de conversation a lieu aujourd'hui. L'occasion est toujours la même : l'irruption de l'ETRE surnaturel dans notre existence consciente, promesse, engagement, en tout cas assez importante pour que celui qui en est touché la prenne au sérieux et cherche une aide.

L'événement qui donne lieu à des conversations de cet ordre peut être plus ou moins profond - un bref contact seulement - ou bien d'une grande puissance. C'est pourquoi on distingue pratiquement entre contact de l'ETRE et expérience de l'ETRE (XII).

CONTACT DE L'ETRE

A travers les siècles passe, tel un fil d'argent, le message de ceux qu'une autre réalité, à un moment quelconque de leur vie, a frappés comme un éclair. Elle les libérait soudain de leur détresse ou jaillissait en eux comme un appel et une promesse. Expérience bouleversante de l'irruption de l'ETRE surnaturel dans leur existence quotidienne.

Mais les instants les plus lumineux, ou les plus inoubliables, d'émotion ou de bonheur où l'ETRE pénètre notre conscience profonde ne sont pas toujours ceux dont nous vivons constamment. Il y a des heures moins éclatantes d'états singuliers, inattendus, où, sans que nous nous en rendions compte, l'ETRE nous touche. Une impression particulière nous saisit. Nous sommes tout à fait présents et pourtant notre attention ne s'arrête sur rien de précis. Nous nous sentons à la fois inclus dans un cercle clos sur nous-mêmes et ouverts comme jamais à une grande plénitude. Nous avons l'impression de flotter et pourtant nos mouvements, d'une sûreté extrême, sont comme accordés à la terre. Nous nous sentons lointains et pourtant tout à fait présents, vides mais remplis de vie. Nous reposons complètement en nous-mêmes, mais nous sommes intimement proches de tout ce qui existe. Détachés de tout mais intérieurs à toute chose, liés à tout sans être attachés à rien, inexplicablement dirigés et parfaitement libres. Dépouilés de biens et de droits, nous sommes pauvres pour le monde et pourtant intérieurement comblés, riches et puissants. Quelque chose de précieux mais aussi de très fragile agit en nous à ces instants. C'est pourquoi, instinctivement, nous nous mouvons avec prudence. Nous nous gardons de trop réfléchir et de trop examiner ce qui nous est arrivé. Une intuition primordiale nous avertit que le rayon de notre conscience définissante, qui glace tout ce qui et vivant, ne doit pas venir troubler le chaud clair-obscur de l'esprit ici éveillé. Chaque fois que l'ETRE nous touche, il nous semble entendre ces mots des mystiques : « Voir comme si l'on ne voyait pas, entendre comme si l'on n'entendait pas, sentir comme si l'on ne sentait pas, avoir comme si l'on n'avait rien. » Mais le merveilleux passe. Soudain sa présence cesse. Il suffit de s'étonner et de se demander : « Qu'est-ce que c'est ? », pour qu'il disparaisse. Du dedans ou du dehors, une chose ou une autre attire notre attention. Et notre conscience, l'instant d'avant encore ouverte comme une large coupe prête à recevoir, simplement, sans question ni définition, devient un rayon, aigu comme une flèche, qui cloue l'expérience à sa définition. Un moment auparavant le monde nous paraissait enchanté, étrangement mêlé au tissu de notre vie. Il retombe maintenant dans l'ordre habituel. Et nous nous retrouvons pauvres, réduits à nous-mêmes en face de notre univers ordinaire. Ce que nous venons d'éprouver s'évanouit comme si nous avions rêvé. Et pourtant ce *n'était pas* un rêve ! C'était l'annonce de la véritable, de l'authentique vérité. Pour un instant elle avait pu éclore en nous parce que, libres des entraves de notre conscience ordinaire, nous lui étions ouverts. Dans ces expériences, quelque chose franchit les limites de notre conscience, et ce que nous éprouvons est de nature transcendante. Si brève soit-elle - peut-être une fraction de seconde - cette expérience révèle à notre conscience profonde, avec une évidence indiscutable, la Vie qui, à notre insu, traverse constamment la trame du vécu de notre moi existentiel. La relation entre ce qui est éprouvé en ces instants et la Vie infinie ne s'éclaire qu'avec la *grande* expérience. Il faut sa lumière pour discerner l'authenticité, la légitimité des contacts avec l'ETRE, mais aussi pour saisir l'importance de ces contacts, même les plus passagers, dans le travail et le progrès sur la voie (VI).

EXPÉRIENCE DE L'ETRE. - LA TRIPLE UNITÉ DE L'ETRE

La qualité de ce qui y est éprouvé et l'action qu'elles exercent nous autorisent seules à parler des expériences de l'ETRE comme d'expériences de l'ETRE divin, de la Transcendance, de la Vie surnaturelle. Elles sont si radicalement différentes de toutes les expériences existentielles qu'on doit les distinguer de celles-ci comme surnaturelles. C'est d'elles que nous tenons le droit de parler de notre origine divine et du royaume qui n'est pas de ce monde, et cela, non sur le plan de la foi (bien que celle-ci puisse rester inébranlable), mais sur le plan d'une connaissance irrécusable.

Le fait que cette connaissance ne s'appuie pas sur des faits rationnellement définissables et explicables, mais sur une expérience personnelle dont le contenu échappe à la conscience objective, ne la rend pas suspecte. C'est au contraire la condition qui lui donne son sens et sa validité. Cela n'empêche pas de voir, de reconnaître et *d'établir* un ordre dans ce que sont ces expériences personnelles et dans le domaine auquel elles donnent accès.

Chaque fois que nous sommes touché par la dimension que certaines expériences nous autorisent à qualifier de surnaturelle,

elle a un caractère trinitaire. Il s'avère d'ailleurs que la triple unité dont nous prenons ici conscience détermine tout vivant. Elle est aussi la clé qui nous permet de comprendre tout ce qui est humain. Le récit qui va suivre est un premier témoignage de cette triple unité.

J'avais à Tokyo, au-dessus de ma table de travail, une des paysages de Bohême de Caspar David Friedrichs. Un Japonais, adepte du Zen, fut un jour frappé par ce tableau. Il me posa une étonnante question : « Etait-il passé ? - Qu'entendez-vous par "passé" ? » demandai-je à mon tour. Sans hésiter il m'interrogea encore : « Avait-il peur de la mort ? Ne voyait-il pas un sens même dans l'absurde ? N'était-il pas sous le signe de l'amour universel ? »

Ne plus avoir peur de la mort - voir un sens au-delà du sens et du non-sens du monde - vivre dans un amour qui ne dépend plus en rien des sentiments de sympathie et d'antipathie : tels sont les signes auxquels on reconnaît la sagesse supérieure au monde. Et ce Japonais ne pouvait interpréter la transparence qui lui apparaissait dans le chef-d'œuvre que comme un signe révélateur de l'état d'éveil de son auteur. De cet état, l'homme devenu un avec la réalité au-delà du temps et de l'espace et au-delà des contraires tient son attitude - paradoxale aux yeux du moi non éveillé - à l'égard de la vie : il ne craint plus la mort, il est délivré du désespoir devant l'injustice du monde, l'amour qui l'anime est indépendant de toutes les circonstances. Que ce triple sens fasse partie du « passage » n'est ni un hasard ni une opinion personnelle. Il révèle une structure universelle de la Vie.

Nous ne pourrions rien dire de l'ETRE et de la VIE surnaturelle qui embrasse et pénètre la vie universelle si nous ne rencontrions pas ses trois modalités en nous et en tout ce qui est vivant. Prendre conscience de la triple unité de l'ETRE qui constitue le Soi en nous et en toute chose est la condition et la clé de tout connaisance, de toute création et réalisation justes. Dans quel sens peut-on parler de « triple unité » ?

Tout ce qui vit veut *vivre,* par une *force* qui le rende capable de vivre et de résister à ce qui lui est contraire, c'est-à-dire de subsister.

Tout ce qui vit, non seulement existe, mais tend vers une *forme* particulière. Se maintenir en cette existence ne suffit pas sans la recherche d'un *être-ainsi* déterminé. Par la structure qui lui est conforme, ce qui est vivant a un *sens.*

Dans cette triple unité qui distingue tout ce qui vit en ce monde, se manifeste la VIE universelle, l'ETRE divin qui, dans sa trinité immanente règne sur tout ce qui est vivant : comme la plénitude inépuisable de l'ETRE est la source de la force de l'homme, de sa volonté et de son amour de cette vie physique. De l'idéal de l'ETRE et de l'image innée de son ETRE essentiel, l'esprit humain tire sa tendance vers une vie pleine de sens, s'accomplissant en une forme juste. Dans l'unité de l'ETRE, l'âme trouve la réalisation de son aspiration vers l'amour, vers le Tout et l'*unité,* avec soi-même, avec le monde, avec Dieu.

Sur cette triple unité de l'ETRE - qui soutient et meut tout ce qui est vivant - se fondent aussi les aspirations naturelles fondamentales de l'homme : vivre en *sécurité,* et autant que possible « longtemps », c'est-à-dire subsister ; avoir une vie intelligible dans une structure d'ordres et d'images où règnent le *sens,* la valeur et la justice ; vivre dans un *tout* où il éprouve amour et protection.

Au niveau de la conscience du moi naturel, les tendances fondamentales de la vie sont donc : la volonté de subsister, c'est-à-dire d'avoir une existence assurée ; le besoin de vivre selon une ligne sensée, conforme à son Etre essentiel et aussi à l'équité ; enfin la nostalgie de la communauté.

Ce qui s'oppose à ces trois aspirations fondamentales engendre les détresses humaines - fondamentales elles aussi -, *la peur de la mort, le désespoir devant l'absurde* et la *désolation causée par l'isolement.* L'homme souffre quand sa vie, son sens et sa protection sont en danger. Il en souffre « naturellement » quand il est identifié à son moi existentiel et ne s'est pas encore éprouvé lui-même en son Etre essentiel. L'ETRE qui y est présent lui fait vivre en effet ce qui est vie, sens et unité, et ce qui s'y oppose, tout différemment de ce que ressent l'homme encore soumis au moi existentiel. Mais, justement, la détresse qu'il éprouve quand les aspirations - vitales aux yeux du moi - sont en péril devient alors la porte qui lui ouvre l'expérience de l'ETRE. Elle est la condition - en même temps que l'arrière-plan sur lequel elle se détache - de la grande expérience, celle d'une dimension située au-delà de ses détresses humaines et qui l'en délivre (X).

TROIS EXPÉRIENCES FONDAMENTALES

Chacun rencontre, à un moment ou à un autre de sa vie, les expériences de l'ETRE. Faute de s'y être préparé, on méconnaît leur sens et elles sont gaspillées. Ce sont des moments de bonheur et de libération qui souvent naissent en nous d'une souffrance qui atteint la limite de notre endurance. Ces « situations-limites » peuvent justement apporter à celui qui franchit le seuil de sa propre résistance la rencontre avec ce qui est « au-delà ».

Aux trois tourments fondamentaux de l'homme correspondent trois expériences essentielles du surnaturel en nous qui, si nous savons en prendre conscience, nous délivrent en un éclair de toute souffrance existentielle.

« En ce monde nous avons peut. » Pourtant, devant la mort imminente - dans un bombardement par exemple, ou une maladie grave, ou n'importe quelle autre situation de péril menaçant - certains ont ressenti, au moment précis où, la mort paraissant inéluctable, leur peur était à son comble et leur résistance intérieure brisée, une seconde, une fraction de seconde peut-être, de libre soumission. Ils acceptaient à cet instant une situation inacceptable pour l'homme naturel. A cette attitude - absolument paradoxale selon le moi qui veut toujours « demeurer » - répondait soudain une paix absolue, imprévisible, qui les délivrait de toute peur. Ils sentaient - ou plutôt ils savaient - vivant en eux, quelque chose d'inaccessible à la mort ou à la destruction, quelque chose qui n'avait même aucun rapport avec ce que la « mort » signifie en ce monde. Pour un moment chacun d'eux le percevait clairement : « Si je m'en tire, je saurai une fois pour toutes par quoi et vers quoi je dois vivre. » Cet homme ne sait pas *ce* qu'il a éprouvé, ni *qui* lui-même s'est senti être un instant, mais il se sent soudain un autre, empli d'une autre force. Il ignore d'où elle vient et il ne connaît pas son but. Il sait seulement qu'il est soutenu par une force invincible. Cet homme a été touché par l'ETRE. Sa conscience en a été pénétrée, ou plutôt l'ETRE a pu devenir sa conscience profonde parce que le moi naturel, en cédant, a fait éclater la cuirasse où il s'était lui-même enfermé et qui le déformait.

L'expérience d'un homme qui, en éprouvant l'au-delà présent en lui, perd sa terreur de l'anéantissement, est une de celles qui autorisent à parler d'un ETRE surnaturel.

La seconde des grandes épreuves de la vie est le non-sens, l'absurdité en soi, qui pousse l'homme à l'extrême désespoir, aux frontières de la folie. Lorsqu'un être sans défense est contraint de supporter un traitement inhumain, ou qu'il subit l'intolérable injustice d'une incarcération que rien ne permet d'expliquer, il peut se produire, là aussi, un revirement paradoxal selon la nature : cet homme accomplit ce que ses propres forces ne lui permettaient pas : il accepte l'inacceptable. Au moment de ce oui à une situation révoltante mais inéluctable, il peut parfois prendre conscience d'un sens plus profond, étranger à tout sens ou non-sens du monde. Il éprouve soudain la présence d'un ordre inexplicable. Une lumière dont il ne sait ni la raison ni la nature l'illumine. Comme il l'était tout à l'heure « dans une force surnaturelle », il se sent ici plongé « dans une clarté surnaturelle ».

Il existe enfin une troisième expérience de l'ETRE. Quand un total isolement - après, par exemple, la perte d'un être très cher, ou le rejet par une communauté - jette un homme dans une désolation trop intense pour être supportée, s'il lui est donné de réaliser l'irréalisable et, même pour un instant, de se soumettre à la réalité telle qu'elle est, encore une fois donc d'accepter l'inacceptable, il *peut* lui arriver de se sentir recueilli par des bras invisibles, enveloppé d'une secrète protection de tendresse. Il ne sait ni qui l'aime ni qui il aime. Il se trouve simplement, comme dans les autres cas, en état de force et de clarté, défendu par un amour supra-terrestre. Ainsi, dans une mesure qui dépasse tout ce qu'il avait jamais imaginé, il s'épanouit dans l'ETRE qui embrasse et soutient toutes choses (IV).

TROIS ESPÈCES DE CONSCIENCE DE SOI

La triple unité de l'ETRE qui tend à se manifester en nous est un a priori de l'expérience humaine. En effet, que nous nous en rendions compte ou non, nous percevons toujours le monde et nous-mêmes sous ce triple aspect - en notre conscience de nous-mêmes aussi. Selon la triple unité de l'ETRE devenant conscient en nous, il existe trois formes de conscience de soi. L'ETRE, plénitude de vie, apparaît comme conscience de *force*. Loi intérieure, il est conscience de notre *valeur* personnelle et, dans son unité embrassant toutes choses, il apparaît dans la conscience du *nous*. Mais le sens de cette conscience de soi est toujours différent s'il s'agit d'un homme encore enraciné dans le moi contingent, orienté vers le monde, donc d'un moi existentiel seulement, ou s'il s'agit d'un soi-même construit sur l'Etre essentiel, transcendant le monde, absolu, si, donc, l'homme est présent soit dans son origine terrestre soit dans son origine divine, telle qu'elle lui est apparue dans l'expérience de l'ETRE.

Lorsqu'un homme s'appuie sur son moi existentiel seul, la conscience personnelle de sa force dépend de ce qu'il a, de ce qu'il sait, de ce qu'il peut. La force enracinée dans l'Etre essentiel, elle, vient de ce qu'il est. Elle s'affirme justement quand il n'a plus rien, ne sait plus rien, ne peut plus rien selon le monde. Et lorsque l'anéantissement le menace, il se sent fermement établi dans une autre Vie, indestructible, celle qu'il *est*. Cela peut être le don de la grande expérience.

Le sens que peut avoir de sa propre valeur le moi existentiel est soumis au jugement d'autrui. Etre conscient de sa valeur selon le Soi, c'est être totalement indépendant de l'opinion. C'est éprouver précisément cette valeur lorsqu'on est rejeté, méconnu ou méprisé du monde. Sur elle se base une liberté royale.

Le sens de solidarité du moi profane dépend de l'existence de contacts sûrs, de liens tangibles avec un « toi » et de l'assistance d'une communauté. La protection d'un « nous » construit dans l'Etre essentiel, c'est-à-dire dans la véritable conscience du nous, se fait sentir justement aux moment d'exclusion par le monde, dans le chagrin de l'abandon et de l'isolement. Sur le fond de cette solitude extérieure, celui qui est enraciné dans l'Etre essentiel perçoit son appartenance à un Tout surnaturel dont l'amour le comble et le protège. Cela aussi peut être un don durable de la grande expérience (XI).

Puissance, sagesse, bonté

L'expérience de l'Etre est celle d'une dimension où l'existence spatio-temporelle et ses épreuves sont dominées et dépassées. L'homme se perçoit en son Etre essentiel et, par là même, dans une force surnaturelle et une *puissance* jamais imaginées, dans la clarté d'une sagesse qui place sur un autre plan le problème du sens et du non-sens du monde, dans une bonté enfin où n'intervient plus aucune condition de sympathie ou d'antipathie, de bon ou de mauvais. Puissance, sagesse et bonté supra-terrestres ne sont-elles pas - et celui qui les éprouve en lui-même l'observe avec une surprise presque effrayée - les trois grands *attributs* que toutes les religions confèrent à leur Dieu ? Sans doute, mais l'affirmer ne revient-il pas à « subjectiver » le divin ou à le faire glisser dans le domaine « psychologique » ? Une dangereuse tendance à la démesure ne se manifeste-t-elle pas ici ? Rien de tout cela. Ce qui est ici éprouvé est la participation de notre essence au divin lui-même. L'idée de cette participation fondamentale à l'ETRE divin paraît hors de toute mesure à l'homme tant qu'il reste dans les trop humaines limitations de sa conscience objective, centrée sur le moi et sur le concept ontologique de réalité qu'il engendre. Dans ce cercle restreint n'ont de place ni ce qui est vécu subjectivement, ni le pré-objectif, ni l'au-delà de l'objectif tels qu'ils sont éprouvés en fait dans l'expérience. Affirmer que l'homme a part au divin paraît alors exorbitant. Mais nous devons justement reconnaître et accepter notre participation à l'ETRE divin. Ce n'est pas un signe de démesure ; c'est une marque d'*humilité*.

Le mot « humilité » peut être pris dans deux acceptions. La plus courante est : « ne pas vouloir paraître plus que l'on est ». L'autre - le plus souvent oubliée : « ne pas vouloir être moins que l'on est ». S'identifier au moi séparé de l'ETRE est une façon de voir et une assertion qui faussent le message de l'expérience profonde. C'est, en effet, considérer l'homme comme fondamentalement éloigné de Dieu, au lieu de reconnaître le divin de son Etre essentiel et le caractère royal de son humanité. Qualifier de *hybris* l'expérience du divin dans notre Etre essentiel est une interprétation erronée attribuable à l'ignorance. Bien au contraire, cette expérience fait sentir et *reconnaître* la distance infinie entre ce qu'est devenue la condition humaine dans le monde et ce que l'homme, marqué de l'empreinte divine, est et doit totalement devenir. Aucune des déformations du moi par lesquelles l'homme éloigné de l'ETRE recherche obstinément les biens matériels, la renommée et la puissance, ne peut cependant le dépouiller de son centre. Ce n'est pas seulement à l'égard du monde et des hommes qu'existent d'authentiques sentiments de culpabilité et de conscience du péché. Une infidélité envers ce centre en fait naître de plus forts encore.

La conscience du péché et les sentiments de culpabilité marquent donc l'image de l'homme dans le seul cas où, faute de l'expérience nécessaire et par crainte de démesure, les responsables de l'évolution des symboles mettent le moi existentiel à la place de l'Etre essentiel, qu'ils refusent de reconnaître même quand ils l'ont eux-mêmes une fois rencontré.

Il faut sortir d'une tradition qui nous égare. Sa crainte d'un excès de superbe l'amène à s'effaroucher quand elle doit prendre fièrement conscience de la présence fondamentale dans l'homme d'un Etre essentiel divin. Elle situe l'homme dans la théorie d'une anthropologie faussée par son étroitesse d'esprit et le maintient pratiquement dans un sentiment d'infériorité. La tradition négative dans laquelle il a été élevé l'empêche, même s'il a *eu* une grande expérience et s'est perçu en elle comme tout autre, d'avouer qu'il a acquis ainsi un *rang* humain supérieur à celui qui n'a pas eu cette expérience ou qui n'en a pas été changé. Un rang supérieur ? N'est-ce pas la démesure ? Oui, si celui qui a éprouvé l'ETRE attribue ce « plus » à son moi existentiel et lui en laisse le bénéfice. Mais s'il ose, comme personne, voir dans ce plus-*être* un don de l'ETRE, il l'administrera avec sagesse et, surtout, il sera en mesure d'aider dans leur quête ceux qui, eux aussi, le cherchent. Un homme est coupable s'il passe à côté de ce qu'il est essentiellement et si, l'ayant éprouvé, il le méconnaît. Mais celui qui accepte ce don avec joie, comme une mission confiée à sa responsabilité, n'est pas coupable. Il cherche à réaliser ce qu'il a éprouvé comme la promesse, présente en chacun de nous, du royaume qui n'est pas de ce monde, royaume dont nous sommes enfants et citoyens.

Deux forces antagonistes sont à l'œuvre dans l'homme : l'élan de l'ETRE essentiel qui veut être manifesté dans le monde, et le despotisme du moi dont la volonté de demeurer, la conscience de sa valeur, la crainte de souffrir et le besoin de plaisir s'opposent à la volonté de l'Etre essentiel. La percée vers le Soi dans l'expérience de l'ETRE peut avoir ainsi deux visages. Elle peut libérer de sa triple souffrance l'homme qui, pour la première fois, n'est plus centré sur le moi source de sa peur, de son découragement et de sa tristesse. Mais cette percée peut être aussi, très simplement et sans qu'il y ait eu de réelle détresse, la lumineuse expérience du Soi présent en nous et de sa promesse. Heures de bonheur, expérience de la grâce innée dans et par notre Etre essentiel, moments d'une métamorphose de l'homme tout entier. En un instant, sans aucun motif, il se sent autre et, autour de lui, êtres et choses baignent dans une autre lumière et brillent à travers un autre centre.

Il importe de savoir possibles ces deux éventualités : l'une des expériences de l'ETRE arrachant à la souffrance, et l'autre où, simplement, comme un don gratuit, l'Etre essentiel pénètre la conscience profonde comme le rayon venu d'un autre monde, qui illumine toute chose d'une clarté différente. Cette percée soudaine se rencontre déjà dans le contact avec l'ETRE où, en dehors d'un tourment quelconque, le souffle du divin se fait tout à coup sentir. A la réflexion on découvre, il est vrai, que la plupart du temps des passages douloureux ont précédé le contact de l'ETRE, des moments de renoncement à certaines possessions bien défendues du moi, des jours où l'inacceptable nous a presque brisés, des nuits de larmes, de tristesse devant l'absurdité ou l'injustice du monde. Devant la vertu, les dieux ont placé l'effort - avant l'entrée dans le royaume, l'abandon de ses *biens* par le citoyen de ce monde.

LES CRITÈRES DE L'EXPÉRIENCE AUTHENTIQUE

L'expérience de l'ETRE fait éprouver une réalité qui passe l'entendement du moi naturel et lui paraît même paradoxale. Cette réalité surnaturelle, née de l'expérience, sort du domaine de la simple croyance et s'ajoute au savoir de l'homme comme une connaissance d'un ordre particulier. De telles expériences se produisent plus fréquemment qu'on ne l'entend dire. Il faut cependant avoir atteint un certain plan pour être en harmonie avec elles, y trouver sa patrie et se sentir engagé. Mais d'où vient la certitude d'avoir acquis un savoir valable, de ne pas être dupe d'illusions ou de la projection de désirs et d'espoirs subjectifs ? Quels sont les critères permettant de penser que ces expériences sont vraiment celles d'une autre dimension, des expériences de l'ETRE par conséquent ? Il en existe cinq :

1. le caractère, impossible à confondre avec celui d'autres expériences, de leur qualité ;
2. le rayonnement particulier qui leur est associé ;
3. la transformation ;
4. l'éclosion d'une nouvelle conscience ;
5. l'intervention de l'ennemi.

1. *La qualité du numineux*

A toute expérience, et même déjà à tout contact de l'ETRE appartient la qualité spécifique du *numineux :* le numineux fait sentir - si subtilement que ce soit -, dans ce qui est éprouvé, à travers le voile du donné immédiat qui domine le premier plan de la conscience, la présence de la Vie qui règne sur toutes choses. Il nous touche et nous enveloppe d'une « aura » particulière qui, à travers le cloisonnement des faits empiriques et de leurs durs contours, amène à la conscience profonde quelque chose qui à la fois transcende ce monde des faits et laisse parler par lui l'Etre essentiel de toutes choses. Dans la mesure où l'homme s'arrête aux objets connus, où il définit, dans ses rapports plus ou moins larges ou détaillés, la réalité du monde dans l'ordre de laquelle il vit, il perd de vue la réalité vibrante de la VIE, toujours impossible à définir. En d'autres termes : la force régénératrice et vivifiante, présente dans le Tout, celle qui anime et élargit l'horizon, ne pénètre pas sa conscience profonde. Mais, comme cette présence constitue, dans le monde et le langage de son individualité, le noyau de tout être humain, elle ne peut être indéfiniment tenue dans l'ombre. Un jour, sa révolte libératrice illuminera la conscience d'une clarté nouvelle.

La qualité de numineux est celle qui, sans erreur ni confusion possibles, révèle dans la conscience humaine la présence d'une autre réalité. Aucun mot ne peut la décrire, on ne peut la classer nulle part. Elle fait éclater toute parole, tout concept, toute image. Il ne s'agit pas d'un superlatif du beau, par exemple, ou du bien. C'est quelque chose de tout autre, qui peut s'allier à tous les sentiments du monde, à tous les états d'esprit, à toutes les qualités, en un mot, à tout contenu de la conscience - à une condition : qu'elle soit transparente à ce « tout autre », impossible à décrire, qui nous atteint par la qualité du numineux.

Le numineux imprègne toute expérience religieuse. Il n'existe pas, en allemand, d'expression qui lui convienne. Le mot « saint » ne rend pas tout à fait son sens. Le français possède deux notions distinctes : « saint » et « sacré », le « sanctum » et le « sacrum ». Il faudrait pouvoir dire : le saint et le sacré. La notion de sainteté est liée, dans notre tradition, à une personne - la personne de Dieu, du Christ, du Saint Esprit, de la Sainte Vierge ou des saints. Il semble maintenant que leur éloignement des religions traditionnelles ait rendu nos contemporains ombrageux à l'égard du numineux et du sacré. Il s'agit de retrouver la simplicité envers l'expérience du numineux. Bien plus, il faut lui donner le rang qu'il mérite dans la hiérarchie des qualités perceptibles.

Le concept de numineux recouvre un domaine plus vaste encore que le concept de sacré. En lui résonne l'ambivalence de la transcendance, donc également de la transcendance des ténèbres. Ce qui est cruel, effrayant, fantastique, diabolique, a aussi une qualité de numineux.

Cette qualité peut s'attacher à tout. On peut l'éprouver dans la nature, à la rencontre d'un être, dans la danse, l'érotisme, l'art (à certains instants, par exemple, où le mot « beau » ne suffit plus). Toujours, ainsi que R. Otto l'a montré pour le sacré, nous sommes touchés là par un « tremendum » et un « fascinosum ». Comme le dit C. G. Jung, quelque chose, ici, nous « subjugue ». Des puissances d'attraction aussi bien que de répulsion nous soulèvent hors de l'espace de notre moi profane et nous entraînent vers une autre dimension qui transcende l'horizon du moi.

Ce qui nous y attend peut nous anéantir ou nous sauver, nous aliéner ou nous délivrer. Mais, d'une manière ou d'une autre, le contact du numineux nous porte toujours au-delà de nous-mêmes.

L'inquiétante ambivalence du numineux hante le domaine du maître, messager transmettant la promesse, mais aussi destructeur de tout ce qui se trouve sur son chemin. L'air y est plein de menaces. La menace d'anéantissement du vieil homme : mais c'est pour cela qu'il contient l'espoir d'un état nouveau. Orientée vers le numineux, la voix initiatique est toujours alarmante, remplie de périls et de promesses.

Le numineux fait partie des qualités fondamentales du vécu enfantin. La vie, chez le petit enfant, est encore sans rupture ni partage, présente en un tout indivisé. Quand la conscience objective et son centre, c'est-à-dire elle-même et le moi conscient de soi et de son univers, commencent à s'éveiller et à grandir, l'unité qui porte, anime et abrite la vie réussit tout juste à garder, à la frange de la conscience, cette qualité des impressions vécues. Elle subsiste plus tard dans la mémoire de beaucoup de gens, comme « l'éclat de l'enfance ». Tant que n'est pas encore développée la conscience objective rationnelle, qui engendre le « fait », fixe les concepts et s'oriente par l'ordre qu'ils créent, l'ensemble des impressions reste essentiellement imprégné, comme chez les « primitifs », par quelque chose de merveilleusement enveloppant. Le développement de la conscience objective, rationnelle et pragmatique, va de pair avec la disparition de cet état intérieur, dont le souvenir reste ensuite celui de l'enchantement de l'enfance. Cependant, avec l'apparition de la conscience qui change d'un seul coup ce qui l'entoure en un monde répondant à la question : « Qu'est-ce que cela ? », celle qui définit le vécu et lui donne un nom, c'est-à-dire crée les faits, quelque chose peut éclore, dans le champ même des découvertes, avec l'éclat du numineux. Ainsi l'enfant vit alternativement deux sortes de miracles. D'un côté, sur l'arrière-plan du Tout encore indifférencié, il vit le miracle du « monde » objectif qui, en même temps que le moi, se crée peu à peu avec la magie de tout ce qu'il contient. L'autre miracle lui apparaît lorsque, sur le fond des faits multiples qui constituent le monde, il vit encore « du dedans » le merveilleux du Tout qui enveloppe et pénètre de son aura de numineux tout ce que l'enfant éprouve (X).

2. *Le rayonnement*

Celui que l'ETRE a touché et qui l'accueille possède un rayonnement particulier, surtout lorsqu'il vient d'éprouver l'expérience, mais ensuite aussi lorsqu'il reste porté par son action.

Ce rayonnement rend perceptible une force qui transcende la perspective de notre conscience ordinaire. L'auréole n'est pas une invention de peintres dévots. Les hommes de grande transparence possèdent un rayonnement qui va jusqu'à des phénomènes concrets de luminosité, le fait en a été maintes fois confirmé. Qu'une optique particulière soit nécessaire pour la voir ne lui enlève rien de sa réalité. Une qualité tangible reste réelle même si elle exige, pour se manifester, un sens qui la perçoive. Le sens qui nous permet de distinguer cette qualité lumineuse peut être développé. Il importe cependant, si l'on travaille sur la voie, de distinguer les rayons d'une lumière sans relief, née de circonstances profanes - joie ou souffrance de ce monde -, de ceux dont la source est le contact ou le souffle de l'ETRE et qui font apparaître une autre dimension.

Cette lumière, d'origine transcendante, échappe à notre faculté visuelle ordinaire, de même que certaines fréquences de vibrations sont hors de portée de l'ouïe normale. La perception de cette lumière n'exige pas une simple augmentation quantitative de la vision habituelle, mais le développement d'une perception potentielle d'une autre nature. L'éducation de cette potentialité suppose un autre niveau de conscience. Il y a des gens aveugles ou sourds à l'ETRE. De même certains perçoivent-ils, chez eux-mêmes ou chez autrui, ce rayonnement invisible à d'autres. Des gens très intelligents sont parfois sourds à l'Etre, tandis que des hommes intellectuellement moins développés ont à cet égard une grande sensibilité. La subtilité des âmes est différente de l'acuité intellectuelle.

De même que la qualité numineuse n'est pas le superlatif d'une qualité de sensibilité ordinaire, le rayonnement lumineux par l'ETRE n'est pas non plus un phénomène optique, au sens habituel du terme. C'est une aura qui manifeste la présence d'une autre dimension. Elle indique chez celui qui la perçoit un certain niveau et suppose une certaine transparence. Pour qui est sensible à cette aura, la présence d'un homme pénétré de l'ETRE change « l'air ambiant ». L'ensemble de l'atmosphère : lumière, son, odeur, et même qualité tactile en tant que medium de sensations, prend un caractère spécial, une transparence particulière. Inversement, l'air qui entoure un individu très matériel, son « aura » donc, sera impénétrable, pâteuse et gluante en quelque sorte, sans tonalité ni vibrations, spirituellement vide. La force vivifiante, la plénitude et la saveur, comme aussi la profondeur, en sont absentes.

Le rayonnement est autre chose que la radiance. Il existe une radiance heureuse. Elle se dégage, par exemple, d'une très jeune fille qui, ne connaissant pas encore la méchanceté du monde, s'avance vers la vie, innocemment, avec insouciance. Le fait de se sentir, intuitivement, emplie d'une vie qui n'est encore présente que par ses seules promesses lui prêtre cette radiance. Elle est particulièrement sensible lorsque la conscience définissante commence à tisser son voile d'ignorance autour de l'âme contemplative et que, dans l'obscurité qui s'approche, l'ETRE brille avec une intensité singulière. Cette lumière pâlit quand le savoir profane se durcit et que le vécu se mue en ordre établi. L'adulte, perdu dans un monde qu'il appréhende objectivement, vit la plupart du temps hors de la lumière de l'ETRE. La clarté diurne de sa conscience profane lui dissimule la lueur étoilée de l'ETRE.

Toutes les choses, les plantes, les arbres, les pierres, comme aussi les hommes, ont leur radiance. Elle est en quelque sorte l'émanation d'une fine substance matérielle. Son caractère, comme aussi l'atmosphère qui se dégage de n'importe quel objet, dépend de circonstances diverses. En ce sens les choses, les êtres, les lieux, possèdent chacun leur radiation propre. Celle du vivant diffère de celle de la mort. Ce qui est vieux rayonne d'une manière autre que ce qui est neuf, la maladie autrement que la santé. Chaque couleur irradie aussi d'une façon particulière. L'atmosphère dépend de cet ensemble de vibrations, celle d'une pièce accueillante, par exemple, comparée à l'ambiance d'un laboratoire. La finesse de perception aux différents ordres de radiance diffère selon les individus.

Le rayonnement inhérent à la transparence du contact ou de l'inexpérience de l'ETRE est quelque chose de spécial. Par lui, la VIE elle-même nous touche dans un langage chaque fois différent, mais dont la tonalité reste la même. Elle a toujours un caractère de pureté, de fraîcheur et de profondeur. Comme si l'éternelle jeunesse de l'ETRE, que la transparence nous rend accessible, s'y faisait sentir. L'exemple le plus émouvant est la transfiguration d'un visage à l'instant qui suit la mort. Sa clarté est une sorte de reflet de l'infini. La lumière de l'Etre essentiel l'illumine. Ensuite seulement vient le bouleversant passage vers la mort réelle, vers le cadavre. Celui-ci se tasse, se réduit, s'affaisse (le cadavre n'est plus l'homme). La transparence a disparu. Le corps cireux, sans vie, étendu devant nous, ne répond plus ni au dedans ni au dehors. En se désintégrant il dégage l'odeur de la décomposition.

La présence de l'ETRE, immédiatement éprouvée grâce à la transparence de l'instant du trépas, s'exprime dans cette transfiguration passagère qui précède la mort totale.

Le rayonnement, qui est le langage de l'ETRE, ne se localise pas. Il est au-delà de toute objectivation. C'est pourquoi il ne peut être perçu par la conscience qui définit et délimite. Ainsi, celui qui est entravé par les liens de la conscience rationnelle, le médecin qui ne fait que constater le décès par exemple. Il ne voit pas la transfiguration. Peut-être parlera-t-il de « traits détendus », « d'expression paisible ». Il s'arrête ainsi à la suface du fini et du contingent. La profondeur de l'ETRE, qui précède et transcende tout contingent, la majesté du divin manifestée ici, lui sont fermées. Le rayonnement de l'ETRE ne s'ouvre à nous que dans la rencontre d'Etre essentiel à Etre essentiel. Chaque fois qu'il nous effleure, le cœur de notre véritable nature se sent appelé - appelé et présent.

Il existe aussi un rayonnement des ténèbres. Ce n'est pas ce qu'irradie négativement un être malheureux ou irrité, anxieux ou absent. Un rayonnement noir, de caractère transcendant, angoissant comme une présence maléfique, destructrice au sens supranaturel, diabolique en somme, semble imprégner l'air. Il s'agit d'un plaisir de détruire, d'un « non » sarcastique, supradimensionnel, à tout ce qui est plénitude, sens et amour. Ce rayonnement d'anéantissement émane des hommes, des choses et des lieux possédés par les puissances des ténèbres.

Sur la voie de l'initiation il importe de développer, autant que la perception du rayonnement positif, l'organe sensible à ce rayonnement de la transcendance négative. Si l'on est en marche sur la voie, il faut surtout apprendre à reconnaître sa propre affinité à cette transcendance-là. L'attraction secrète du mal, l'adversaire *en* nous, ce principe qui, fondamentalement, conteste ou anéantit la Vie dans sa triple unité de plénitude, de sens et d'unité. L'homme *a* en lui le démon. C'est seulement en le reconnaissant qu'il pourra devenir la force qui veut le mal mais fait le bien ! Celui qui est appelé par l'Esprit ressent aussi la transcendance négative archaïque, la tentation de la « Grande Mère » qui menace l'esprit.

Mais il existe encore un faux rayonnement dont l'origine n'est pas l'Etre essentiel mais le moi trompeur qui a pris sa place. Cette fausse clarté est celle d'une lumière luciférienne qui éblouit sans éclairer. Elle ressemble souvent beaucoup au vrai rayonnement. Et pourtant elle est foncièrement différente.

Pour être capable de distinguer d'une façon sûre la lumière lucіférienne de la véritable, il faut être déjà présent par son Etre essentiel. L'homme encore sous l'empire du moi profane se laisse facilement tromper par la fausse lumière. Elle a quelque chose de séduisant qui attire le moi profane pour le corrompre. C'est une lumière froide, sans cœur. Elle fascine comme une promesse, mais elle n'est que duperie et mensonge, platitude et vide.

Les hommes dont émane ce faux rayonnement étaient peut-être à l'origine des porteurs-nés de la lumière de l'Etre essentiel. Parce qu'ils ont usurpé pour eux-mêmes la place de l'ETRE qui apparaissait en eux, celui-ci n'a pas pu percer. L'espace entre eux et leur nature profonde n'est pas assaini. Il est envahi par un moi imbu de lui-même, avide de renom et de puissance. Ainsi l'homme reste inaccompli. Son regard « rayonnant » perce et vampirise à la fois. Derrière l'apparente plénitude on devine l'indigence et le vide. Sous la contrefaçon de contact et de chaleur se dissimule un caractère froidement distant, un isolement glacé, et l'indiscrète insistance de ces gens qui cherchent à capter la confiance cache le mortel danger du meurtrier déguisé en ami. Pourtant, le regard charmeur des hommes de ce type, leurs gestes aimables et surtout leur sourire engageant, en font souvent des séducteurs-nés.

3. *La transformation*

Existe-t-il preuve plus solide de l'authenticité d'une « expérience » que la transformation totale qu'elle suscite ? A celui qui l'a éprouvée elle montre, en un éclair, le monde sous un autre jour et elle lui apporte la décision et la force de commencer une vie entièrement différente de celle qu'il menait jusqu'alors.

Et trouve-t-on, dans le monde de l'humanité souffrante, une chose qui mérite mieux le qualificatif « vrai » que la métamorphose d'un lâche en homme qui ne craint plus la mort ; que de voir un être désespéré par l'absurde et l'injustice pressentir à travers cet absurde un sens plus haut ; un autre, brisé par le chagrin de la solitude, éprouver *dans* cet isolement une immense protection ? Comment refuser à de pareilles transformations, aboutissant à un comportement, une connaissance et une expérience supra-naturels, un caractère de réalité, d'une réalité de nature surnaturelle ?

L'autre dimension - la réalité transcendante - n'apparaît pas seulement à la détresse humaine comme une rédemption : la plénitude qui délivre de l'angoisse devant l'anéantissement, le sens surnaturel libérateur du désespoir en face de l'absurde, et le lien de l'unité totale qui sauve l'isolé de sa désolation. Elle est aussi la réalité dont l'avènement « retourne » en tout point l'homme qui vit par son seul moi profane et se satisfait de son sens et de son ordre. Ce qui lui semblait stable et rassurant se révèle bâti sur le sable ; ce qui, au premier abord, paraissait judicieux devient vide de sens. Il remet en question sa communauté protectrice et ses liens d'affection. Ne portent-ils pas ombrage à l'Etre essentiel en simulant une réalisation, alors qu'ils sont une fuite devant sa vocation la plus personnelle ?

Celui que l'ETRE a touché jette par-dessus bord toutes ses conceptions antérieures de la vie. Sa bonne conscience se révèle en fait une façade derrière laquelle se cachent la peur, le mensonge et la culpabilité. Les valeurs surtout, auxquelles tout homme - et pas seulement l'égoïste - se réfère avec toute sa bonne volonté, lui semblent contestables par rapport à son Etre essentiel. D'abord parce qu'il récuse les positions assises, inévitablement entraînées dans la disparition du devenu, mais aussi parce que ces valeurs risquent de l'écarter de l'exigence fondamentale de l'ETRE, dont la triple unité doit se manifester dans le monde par une perpétuelle transformation.

L'homme *doit,* par ses propres forces, supporter l'existence, lui donner un sens, posséder et maintenir une communauté. Mais dans la mesure même où il cherche à s'y établir et s'y assurer en une forme déterminée, il rencontrera, dès qu'il sera ouvert à l'ETRE, des exigences qui le bouleverseront sans ménagement. Pour le chrétien, plus qu'un sentiment de libération de sa détresse existentielle, le critère décisif de réalité de ses expériences de l'ETRE sera un appel à « suivre », c'est-à-dire à s'ouvrir activement au royaume qui n'est pas de ce monde. Dans le monde il avait peur. En renonçant à son moi, il assume la destruction et la mort et il vit le royaume où la mort n'a pas de place. S'il accepte l'absurde et le tourment de l'extrême injustice - c'est-à-dire l'inadmissible pour le moi existentiel - et s'il laisse venir à lui les ténèbres, la lumière de l'au-delà du monde se lève pour lui. Et quand, enfin, il souffre la solitude totale, invivable, l'unité supra-terrestre l'emporte dans le sein de l'amour sauveur de l'ETRE. Quelle que soit la manière dont le chrétien conçoit la rédemption par les souffrances et la mort de Jésus-Christ, il y a une façon de les comprendre en prenant au *sérieux* les mots : « mon royaume n'est pas de ce monde », « vous êtes mes frères », « je vous ai donné un exemple ». Si le chrétien suit l'exemple du Christ en acceptant l'inacceptable, il se sent sauvé, par cette « imitation » concrète, des conséquences de sa séparation de l'ETRE. Il a accepté la grâce innée : au cœur de son Etre essentiel il est « cela ». En abandonnant toutes les revendications de son moi existentiel à la permanence, au sens et à la protection, il vit la béatitude de son Etre surnaturel caché, par lequel il n'a jamais cessé d'être sauvé.

Savoir combien de temps un homme peut se maintenir dans l'état de libération qui lui est imparti dans l'expérience de l'ETRE est une autre question. On peut se demander aussi quel est l'écart entre cette interprétation de la « rédemption par le Christ » et celle de la théologie traditionnelle. Dans la mesure où l'on ne tient compte que de l'homme « naturel » et où, d'autre part, on ne veut voir que le *miracle,* on ne peut concilier ces deux interprétations. Mais si le théologien admet lui aussi le « noyau de l'homme » comme un au-delà de lui-même, comme le « Verbe » inné en lui, il n'y a pas de raison d'exclure des possibilités humaines *l'expérience* transformante de ce Verbe. L'admettre, c'est jeter, vers la compréhension de ce que le Christ a donné à l'homme, le pont dont tout dépend pour une génération en quête des bases de sa vie religieuse mais qui ne veut pas entendre parler du « miracle » au sens du moi existentiel. L'expérience de l'ETRE lève l'antinomie entre l'homme rationnel et celui qui croit au miracle.

4. *La naissance d'une nouvelle conscience*

Toute expérience authentique de l'ETRE contient la joie de se sentir libéré des étroites limites et de l'indigence de tout le contingent du monde et, par là même, un peu du bonheur apporté par une plénitude insoupçonnée, un sens infini et une protection surnaturelle. Semblable expérience n'est cependant *authentique* que si elle est accompagnée de la naissance ou du renouveau de la conscience de l'Etre essentiel. Elle n'est donc pas seulement une libération mais aussi un engagement inéluctable préparant une nouvelle vie, désormais pénétrée et déterminée par la « voie intérieure ». Par cette voie de transformation, nous entendons l'attitude grâce à laquelle l'homme devient plus apte à manifester et à servir ce que l'expérience de l'ETRE lui a fait éprouver un instant comme le sens et la plénitude essentiels. C'est l'engagement à la voie initiatique. La conscience éveillée ici est la conscience absolue.

Il existe trois formes de conscience : la première, la *conscience enfantine*, naît de *la peur de la punition*. Cette sorte de conscience a plus de poids qu'on ne le soupçonne généralement. La peur de l'enfer, comme aussi la crainte des conséquences d'une vie mauvaise ou mensongère, la « conscience karmique » font partie de son domaine.

La seconde conscience est ressentie comme *la voix du tout* auquel on appartient. « L'être du tout est le devoir de chacun de ses membres [1]. » L'identification inconditionnelle à un homme, une communauté, une cause, une idée ou une œuvre, manifeste son lien et son obligation par un « remords de conscience » dès que l'on n'agit pas automatiquement selon ses directives, qu'on la trahit ou lui devient « infidèle ». « La fidélité est la marque de l'honneur » (Hindenburg). Par l'infidélité on perd l'honneur et par là l'existence, c'est-à-dire son « identité » comme membre d'un groupe, pour lequel la fidélité de tous ses membres est la condition et le critère de leur appartenance.

La troisième conscience est la *conscience absolue*. On l'éprouve quand une plus haute instance oblige à faire une chose que la première conscience néglige et que la seconde rejette parce qu'elle peut, le cas échéant, imposer une infidélité, une trahison ou un scandale. Cette conscience manifeste impérativement l'exigence de l'Etre essentiel qui abroge tout lien et toute obligation existentiels : « Laissez les morts enterrer leurs morts. » L'expérience de l'ETRE met cette conscience en pleine lumière. Lorsqu'elle s'empare d'un homme elle est le témoignage de la présence de l'ETRE.

L'obéissance à la conscience absolue ne concerne plus le vieux conflit entre pulsions et devoir, mais celui entre le devoir fondé sur la « tendance de notre Etre essentiel » et nos pulsions *ainsi* que notre devoir dans le monde et vis-à-vis de lui. L'expérience et l'éducation de cette conscience font inéluctablement partie de la « voie de l'initiation ».

5. *L'intervention de l'ennemi*

Curieusement, l'expérience de l'ETRE ne manque jamais de faire apparaître son ennemi. Partout où se manifeste l'Etre

---

1. Cf. « Psychologie de la communauté », *Nouvelles Etudes Psychologiques*, 1926.

essentiel, surgit le monde antagoniste. L'ennemi est une puissance qui contrecarre ou détruit la vie voulue par Dieu. Plus l'orientation vers le surnaturel est nette, plus est déterminé l'engagement de l'homme à son service, plus sûrement il trouve devant lui l'ennemi acharné à l'écarter de la voie juste. Ce n'est pas une pieuse légende, mais une donnée d'expérience qui ne peut s'expliquer logiquement. Dès qu'un homme a reçu la grâce d'une expérience de l'ETRE, quelque chose vient troubler, dans les heures qui suivent, l'état de béatitude où l'avait transporté l'expérience qui le libère et l'engage. Il ne s'agit pas d'une compensation psychologique qui, par loi d'équilibre, fait suivre la joie débordante par une dépression ou l'état de tristesse par une exubérance que les circonstances ne justifient pas. L'opposition vient du dehors. Le coup lui est porté de l'extérieur : agression, nouvelle triste, offense, accident. A cela s'ajoute la redoutable tentation de raconter : « Ce dont le cœur est plein déborde par la bouche. » Hélas ! car le secret bienheureux vit d'être gardé. Si, rompant le silence, on le livre, c'en est fait de la béatitude.

Un exemple universel du jeu de l'ennemi est la drogue. Ce n'est pas un hasard si, juste au moment - et pas avant - où l'Occident, et surtout sa jeunesse, s'ouvre pour la première fois sur un large front à l'expérience de l'ETRE, l'ennemi surgit et lui propose la drogue. « Vois donc, tu peux te procurer bien plus facilement des impressions merveilleuses. Un peu de cette drogue et tu les obtiens sans te donner aucune peine. » Et la jeunesse se laisse prendre à la tentation d'arriver sans fatigue à des expériences agréables au lieu de recourir au travail intérieur, c'est-à-dire à l'effort. Or c'est par cet effort intérieur que l'on peut atteindre légitimement, par un processus de transformation, ce que la drogue promet de procurer sans peine par des moyens illégitimes : un élargissement de la conscience ordinaire qui rende capable d'éprouver le supra-naturel dans sa plénitude libératrice et créatrice.

Transparence

Toute expérience de l'Etre implique une métamorphose - éprouvée soudainement et comme un engagement. La transformation préparée et exigée par l'expérience de l'Etre tend à la grande *transparence,* la transparence à la *transcendance* qui habite l'homme. La transparence est une disposition d'esprit qui rend l'homme accessible à l'Etre surnaturel présent en son Etre essentiel, et capable de le laisser apparaître à travers lui, dans son univers. Elle fait de l'homme, pour la première fois, une *personne.*

L'Etre, force, création et lumière, apparaît, par la triple unité de sa Vie qui engendre la plénitude, la forme et l'unité, dans l'état de transparence où domine tantôt l'un tantôt l'autre de ses aspects.

Sous ces trois modes, le rayon de l'Etre touche chacun de nous d'une façon différente selon son degré de maturité. Mais il ne devient vraiment perceptible, d'une façon inconcevablement saisissable, que dans le mouvement d'échange entre les trois modes par lesquels il se révèle à l'esprit humain. Cet esprit qui lui est ouvrert est cependant lui-même un mode de l'Etre se manifestant. Une intelligence seulement existentielle reste à jamais fermée au surnaturel. Ainsi la prise de conscience de l'Etre dans la triple unité de ses modes, possible seulement à l'homme, n'est pas uniquement une vision humaine mais, en quelque sorte, une rencontre de l'Etre avec lui-même dans sa conscience. Dans cette rencontre avec soi-même, l'Etre se manifeste d'une manière humaine et il a, pour l'homme jusque-là retenu par l'obstination vaniteuse de sa conscience objective, un caractère libérateur et créateur (X).

Lorsque l'Etre pénètre dans la conscience en tant que plénitude, l'état de transparence est perçu comme la force de la présence de l'Etre dans son étincelante puissance créatrice. L'homme qui l'éprouve perçoit l'élan vital divin, dans la profusion de Vie qui l'envahit, à la fois comme une régénération et une création de formes, comme les forces de la profondeur qui le protègent et le font renaître. Cet élan vital est vécu comme une potentialité infinie qui, s'emparant de la conscience intime, fait éclater ses limites. La véritable expérience de l'ETRE est éprouvée par l'homme quelle que soit sa situation dans le monde Le don de l'expérience de cette grande transparence se caractérise même par l'absence de toute correspondance dans l'existence conditionnée par l'espace-temps. La plénitude de l'ETRE est ressentie, justement, dans sa puissance, sa richesse et sa force aux moments de plus grande pauvreté, de faiblesse et d'impuissance. De même le principe créateur de sens de l'ETRE monte en nous aux instants où l'absurde paraît le plus désespérant, et son unité enveloppante et protectrice emplit la plus intime conscience quand l'état d'abandon et d'isolement est à son comble. Ainsi la transparence véritable représente la victoire sur le monde, sur ses dangers, sur son absurdité et sa cruauté, comme aussi sur les états d'angoisse, de désespoir et de détresse qui leur correspondent. La transparence à la vie surnaturelle est l'enfant né de la mort physique, qui apporte à l'homme la splendeur de la plus grande VIE venant vers lui.

L'expérience de l'ETRE est l'étoile autour de laquelle gravite la vie spirituelle de toutes les religions. Quel que soit son nom et les images particulières qu'y rattache le canon de chaque tradition spirituelle et religieuse, avec une profondeur, une persistance ou des nuances diverses, le noyau sera toujours le même, qu'il se nomme Satori, Samadhi ou Presentia Dei. Toujours et partout l'expérience existe. Elle est soit un vécu passager, soit l'événement qui marque l'homme d'une empreinte nouvelle et définitive. On la trouve sous la forme d'un état éphémère, ou bien persistant des heures et parfois des jours. Selon la disponibilité ou le degré de maturité d'un sujet, elle peut être l'œil un instant entrouvert dans le sommeil de la conscience objective ou l'éveil définitif à une nouvelle vision du monde. Mais une illumination, unique ou répétée, plus ou moins brève ou durable, ne fait pas encore un éveillé, un état de grâce ne donne pas encore un homme métamorphosé par la grâce. Il faut donc distinguer entre l'expérience et la voie initiatique qui y prépare. De l'expérience cette voie fait le pivot de l'existence. Elle accueille ce qui y a été éprouvé comme un appel à la transformation.

CHAPITRE IV

LA VOIE

Expérience de l'Etre et transformation

Quand advient à l'homme une expérience de l'Etre surnaturel, la transformation qu'elle représente peut amener une révolution de cent quatre-vingts degrés du sens de sa vie. L'axe de sa vie était l'existence humaine naturelle, il passe maintenant à un centre que, sur l'arrière-plan de l'existence profane, il ressent comme un Etre divin surnaturel. Il se trouve ainsi en face d'une mission nouvelle. Mais, pour accéder à la voie, il faut que l'homme attache à l'expérience une profonde importance, qu'il lui permette de prendre en lui toute sa place afin qu'elle devienne le moteur d'une vie nouvelle. Par le surnaturel qu'il a éprouvé l'homme se sait désormais nourri et soutenu, formé et appelé, dirigé et protégé, embrassé dans une Vie qui constitue son Etre essentiel lui-même.

L'expérience authentique n'est manifestée et accomplie que par l'obéissance à l'appel vers la transformation, dans le sens un instant perçu *dans* l'expérience. L'homme se sent alors toujours davantage guidé par la réalité de l'Etre surnaturel qui non seulement le comble, mais lui impose un engagement rigoureux, l'emplit de bonheur mais aussi d'une responsabilité nouvelle. Par cet Etre il se sait tout à coup destiné et appelé à découvrir, en un sens plus profond de connaissance, d'amour et de création, lui-même et le monde, et à les changer intégralement. Sa vie n'est plus tendue et partagée entre d'un côté les tentations et les exigences du monde et de l'autre la crainte ou l'obéissance envers un Dieu lointain. Il est sur la voie qui mène à une libération croissante de la force divine qui l'habite. Maintenant éclose en lui, elle ne le délivre pas seulement des détresses de son existence, elle le rend apte à la *transformation Créatrice,* voulue par Dieu, du monde qui lui a été confié.

L'expérience d'unité avec l'ETRE et celle de notre origine céleste, éprouvée à une heure lumineuse de notre vie, n'est pas seulement le commencement et la finalité possibles du chemin de transformation de l'homme, dont le but est sa transparence toujours plus grande à l'ETRE présent en sa nature essentielle. Le but de la grande expérience où « s'éteint » le moi n'est pas la totale dissolution de ce moi mais sa transformation. Celle-ci est la tâche de la voie intérieure. Sur cette voie l'homme doit apprendre sans cesse, au sein de « l'en dehors », à donner sa juste place à « l'en dedans », de lui-même comme aussi de toutes les choses.

Tant que l'ETRE et l'essence de l'homme ne sont perçus par ce dernier qu'en opposition avec le moi orienté et conditionné par le monde, cet homme reste sous la férule du moi existentiel dont la conscience conçoit tout en contraires. Elle distingue naïvement dans l'ETRE et le monde deux « quelque chose » qu'elle voit en opposés et ressent comme antagonistes. Le vrai fruit de la fusion de l'homme avec son Etre essentiel est un nouveau mode de présence existentielle par lequel l'ETRE au-delà des contraires, le Soi et la conscience qui lui est liée, deviennent les critères déterminants de la vie. La conscience naturelle, qui subsiste, conserve sa place de « profane », à l'entrée du temple, et s'y emploie à préparer et à faire fructifier l'expérience.

La maîtrise de la conscience responsable de l'opposition entre le monde et l'Etre essentiel résulte d'un long processus de devenir. L'intégration du monde de l'espace-temps et du monde supra-naturel se réalise lorsque l'homme atteint enfin sa maturité de personne. Le moi existentiel devient de plus en plus transparent à l'Etre essentiel et celui-ci brille toujours davantage à travers le moi profane. Dans la personne pleinement réalisée, qui embrasse les pôles des contraires, le transparent et ce qui transparaît coïncident toujours plus et l'homme qui vit cela peut dire de lui-même : « L'œil qui me voit et l'œil avec lequel je vois ne font qu'un. » Alors, grâce à notre transparence, la transcendance immanente en nous se manifeste dans notre humanité.

La réalisation de soi-même n'advient pas chez l'homme tout naturellement, comme chez une plante. Elle est une réponse active à l'appel : « Je t'ai nommé par ton nom car tu es mien. » L'appel tout personnel de l'expérience de l'ETRE à l'homme, dans son individualité unique, l'engage vers une vie nouvelle. Il contient aussi l'appel au retour vers la patrie, mais il en est clairement distinct. L'homme qui s'est perdu dans le monde doit retourner à la maison du Père. Est-ce pour y demeurer et voir abolir son individualité propre ? Ce serait oriental. Pour nous, Occidentaux et chrétiens, l'homme ne perd dans ce retour au foyer que son moi égaré, afin d'en former un autre qui sera le témoin du Père. Il retournera dans le monde - comme une personne à travers laquelle résonne l'appel libérateur et créateur de l'ETRE (VI).

Mais qui connaît son propre nom ? L'homme n'arrive pas à croître jusqu'à la stature qui lui est destinée. Il lui faut d'abord découvrir son Etre essentiel et la voie de la réalisation de soi-même qui est, en cet Etre, sa vocation. Cette réalisation exige ensuite sa coopération responsable : sans elle, il ne parvient pas à la forme qui lui est réservée. Mais, s'il n'approfondit pas sans cesse son expérience de l'ETRE, son effort n'atteindra pas la forme juste. Cette forme juste de la transparence recherchée n'est pas une structure arrêtée. Elle est en vérité la *formule* du « meurs et deviens » dans laquelle l'homme sacrifie tout devenu à la vie en perpétuel renouvellement. Atteindre, par et vers cette formule, la maturité, c'est-à-dire une existence consciente et une liberté personnelle, tel est le but de la voie.

Voie initiatique et mystique

La voie dont le but est le vrai Soi de l'homme, transformé en témoin de l'Etre dans le monde, est la « voie initiatique », celle qui ouvre la porte du mystère. Le mystère est justement la Vie et l'Etre cachés dans tout ce qui vit. Ce qui constitue l'Etre essentiel de toute chose est sa participation à cet Etre. Il est le Tout qui les embrasse et dont la présence donne vie et sens à chacune des « parties ». Le Tout omniprésent repose en chaque vivant d'une manière individuelle, et cette présence lui parle et l'appelle, forme son Etre essentiel, le centre secret autour duquel tout gravite, dont tout émane et dont la manifestation est sa finalité. Par l'expérience de l'Etre, ce Tout qui embrasse l'univers pénètre la conscience profonde. Il perce l'enceinte des systèmes où la personnalité s'est craintivement enfermée et organisée dans sa recherche indépendante de réalisation selon l'esprit du monde. Alors commence le tout à fait nouveau s'ouvrant à l'homme comme la promesse et l'engagement qui, au service de l'Etre, le transformeront. Pour lui, désormais tourné vers l'Un, seul nécessaire, se rafraîchissant sans cesse à son contact, la vie gravitera autour de l'expérience.

Le point commun entre la voie initiatique et la mystique est le fait qu'elles sont toutes deux axées sur l'expérience de l'Etre. Celle-ci est et demeure, sur la voie comme pour le mystique, la lumière de la vie et il s'agit toujours d'un don de la grâce que l'homme reçoit sans l'avoir mérité. On ne peut pas le « faire ». Mais sur la voie initiatique, sous la direction du maître et par la force de l'expérience, l'élève travaille constamment à l'approfondir, à se transformer et se perfectionner selon son esprit. Dès qu'il s'est élevé au-dessus du niveau naturel où l'homme « ignorant et inexpérimenté », même s'il est altruiste et bien intentionné, vit et agit en aveugle à l'Etre, il s'exerce fidèlement, avec méthode, afin de gravir les échelons suivants. Le degré nouveau est atteint lorsque sa relation à l'Absolu ne se limite plus aux éclairs d'expériences occasionnelles pour reposer ensuite seulement sur la croyance. Cette relation doit devenir une présence de la transcendance qui s'approfondit toujours davantage, et consciemment perçue, pénètre enfin toute la personnalité. Sur la voie initiatique l'homme travaille à créer la structure durable d'une attitude qui, jusque dans le plus petit geste corporel, favorise et sauvegarde la transparence à la transcendance. L'expérience de l'ETRE reste, bien entendu, un don imprévisible de la grâce. Par la voie, cependant, l'homme acquiert le discernement des conditions qui rendent possible son action. Il devient de plus en plus conscient des résistances qu'il lui oppose et travaille, par l'exercice, à fortifier une disposition permanente correspondant au don de la grâce. La voie le maintient dans un mouvement de transformation qui atteste déjà son union avec la VIE universelle (XI).

LE SENS DE LA VOIE

La transparence vers laquelle tend la voie est différente de la limpidité pré-personnelle et primitive qui, chez l'enfant par exemple, laisse transparaître inaltérée la grande Vie. A tous les degrés de conscience quelque chose vibre de cette transparence primitive. Elle se manifeste dans le « oui » à la vie dont la présence inconsciente accompagne fondamentalement tout vécu. Ce oui manifeste chez l'homme, être conscient, « l'élan vital » inconscient qui anime toute le vivant. Il donne la tonalité de l'accord fondamental. La Vie surnaturelle y est présente comme une force pleine de promesses qui porte et nourrit. Lorsque l'homme est trop endurci dans l'indépendance de sa forme d'existence pour vibrer avec cet accord, l'ETRE cesse de « vivifier » sa croissance profonde. Il ne fait plus alors que végéter, en quelque sorte sans âme. Quand, de déceptions en frustrations, ce oui à la vie se change inconsciemment en refus, l'homme sent le sol se dérober sous ses pieds. La dépression, l'angoisse ou une sorte de vertige le saisissent. Il a l'impression d'être aspiré par un vide où il étouffe et il voudrait pouvoir s'en arracher. Il peut aussi ressentir un épuisement fait de fatigue, de tristesse et de désarroi, ou des troubles nerveux. Mais le caractère totalement négatif de ce qu'il vit en de pareils moments peut justement lui faire prendre conscience de ce qui en est la cause, c'est-à-dire de sa séparation avec l'Etre essentiel. Et, s'il en a l'intuition, la qualité de profondeur spécifique de la souffrance engendrée par cette séparation de la vie surnaturelle lui fera percevoir soudain la *présence* de la Vie *dans* son *absence même*. Plus d'une fois, la qualité numineuse liée à ce refus douloureux a frayé le chemin à un « oui » renouvelé, ou plutôt pour la première fois prononcé.

Chez celui qui n'a pas été éprouvé, l'acceptation est toute naturelle et inconsciente. L'adhésion à la vie intimement retrouvée, facteur d'une conscience nouvelle, donne à l'homme brisé par l'épreuve la chance de sentir la plénitude créatrice de l'ETRE qui gouverne et fait croître sa vie. Mais, même chez l'homme naturellement porté par son acceptation de la vie, l'éveil à son Etre essentiel peut en changer fondamentalement l'accent. A la place du oui naturel et spontané qui l'accordait à la vie, intervient une force ailée qui l'emporte d'une tout autre manière mais implique un terrible danger. Par-dessus des sommets et des abîmes elle l'amène à l'extrême bord du gouffre. A chaque instant il risque, soit de se voir entraîné de nouveau vers les plaines du monde naturel, soit d'être aspiré vers des cimes spirituelles où, arraché à la terre, il manque aussi le ciel. Le « oui » qui se révèle par le contact de l'ETRE et s'affirme toujours plus clairement sur la voie proclame finalement la présence du grand « Je suis ». Quand elle commence à briller, sa flamme éclaire d'une tout autre lumière le paysage de la vie.

La voie est la manière dont l'homme, en acceptant la souffrance de sa finitude, ranime sans cesse l'étincelle de l'infini qui l'habite. C'est par cet embrasement de l'infini qu'il apprend à reconnaître la formule du devenir de son Etre essentiel et commence à mourir et à renaître sans cesse à quelque chose de nouveau.

Mais il n'y a pas de croissance continue dans le domaine de la voie spirituelle. Elle n'est pas égale. Cela commence par une chute, et les pièges, les crevasses, les obstacles qu'il faut surmonter y sont ensuite innombrables. Du haut du « Tout autre » où il se trouve un instant l'homme retombe constamment dans la forme existentielle de son moi naturel. Ou bien encore il émerge des profondeurs du mystère vers la surface du quotidien. Et chaque fois il doit accomplir une révolution totale, un saut périlleux vers le niveau de son Etre essentiel. C'est une vie dangereuse, d'un mode particulier, une vie qui ne connaît pas le repos, mais qui, par le détachement, accède à la paix bienheureuse. Dans l'acceptation comme dans l'action, sans résister, l'homme obéit à la loi de sa transformation. Elle exige une personnalité différente de celle que le monde réclame. C'est pourquoi l'univers de l'homme consacré à la voie initiatique est autre. Sitôt que l'ETRE naît en lui et commence à le transformer, son univers aussi se modifie.

L'homme consciemment engagé sur la voie ne se sent pas seulement, en dépit de ses imperfections, de plus en plus profondément lié au divin, il est marqué aussi, toujours davantage, par l'empreinte du surnaturel vers lequel il est orienté. Il prend de plus en plus douloureusement conscience de ce qui reste en lui de « non divin ». Chaque expérience l'élevant à l'intime union avec le divin lui fait sentir l'immense distance qui le sépare encore, homme sans cesse repris par la prison de son moi profane, d'une forme d'existence conforme à ce divin. Ainsi progresse-t-il, par la force des choses, sur la voie et aussi dans l'humilité.

Sur la « voie » on n' « arrive » jamais. Le signe du progrès vers le but est de le voir s'éloigner toujours. Jusqu'à ce que l'on comprenne que la voie même est le but, c'est-à-dire l'état qui permet une progression certaine vers le « meurs et deviens » éternellement libérateur et créateur.

La voie qui commence avec l'expérience de l'ETRE implique une percée toujours renouvelée vers l'Etre essentiel. Elle rend l'homme capable de dépasser le devenu, d'abandonner l'acquis, de renoncer aux trompe-l'œil auxquels son moi existentiel s'accroche pour être capable de jouer son rôle dans le monde. Elle exige parfois que l'on se libère même des liens d'une activité bienfaisante et déjà conforme à l'ETRE. Sur la voie, parce qu'il se transforme, l'homme est appelé sans relâche à de nouvelles tâches. En devenant un autre, il voit désormais autrement et autre chose. Le quotidien usé apparaît sous un jour nouveau. Le contact de l'ETRE, dont la rencontre inattendue effraye et même désoriente l'homme ordinaire, devient toujours davantage pour lui la source, continuellement jaillissante, qui le purifie, le nourrit et le régénère.

Sur la voie, un événement primordial inhérent à toute vie redevient de plus en plus apparent. La plénitude indivisée de l'unité originelle entre avec elle-même dans une tension de polarité, se partage et se différencie en pôles tendant à se rendre autonomes. Tout d'abord, l'unité du tout qui les embrasse ne se perd pas complètement. Mais, dans la mesure où les éléments marquent leur indépendance et leur individualité, la menace grandit, pour le tout comme aussi pour les parties qui se trouvent privées de leurs racines. Elles risquent de se refermer sur elles-mêmes et, se fiant à leurs propres forces, de perdre leur lien primitif avec l'ETRE et par là le fondement même de leur existence. Le destin de l'homme est d'être plus ou moins victime de ce danger. A la naissance du moi indépendant se produit une séparation fondamentale. Par la conscience rationnelle qui définit, le moi se construit et construit un monde fait de distinctions théoriques et de « constatations » pratiques. Il se sépare ainsi du tout et se trouve finalement amené à l'épreuve de la rupture de son lien avec l'ETRE, puis à l'identification au « je suis moi et je veux le *rester, différent* de l'autre et me garantissant *contre* lui ». Cependant, son essence n'est jamais dépossédée de cette unité avec l'ETRE dont il a perdu conscience. C'est pourquoi l'on trouve au seuil de la voie initiatique la nostalgie et la volonté de s'ouvrir de nouveau, par une nouvelle conscience, à ce que, sous le voile de la consciece objective, l'homme reste essentiellement. L'accès de cette voie s'ouvre au moment où, par une expérience particulière, l'ETRE auquel il participe toujours en son essence pénètre une existence qui s'en était douloureusement éloignée. Le tourment de l'ETRE essentiel refoulé se change alors pour la première fois en une prise de conscience remplie des promesses et du bonheur de sa libération. Il semble que cette division du Tout primordial inconscient soit toujours la condition d'éclosion, dans une conscience, d'une vie nouvelle régénérée, dont l'autre conscience, maintenant dépassée, l'avait privée.

Pour l'homme, qui doit devenir autonome, la fusion essentielle, inéluctable, avec l'ETRE entraîne cependant aussi un danger : il risque de ne plus vouloir quitter cette patrie originelle retrouvée dans l'unité primordiale. L'ETRE, la Grande Mère, ne le laisse plus se détacher d'elle ou le rappelle toujours en son sein. L'homme est constamment tendu entre la force qui le pousse vers la liberté d'une forme indépendante (Yang) et le retour au sein maternel protecteur primitif (Yin). Pour devenir une personne véritable, il doit acquérir son autonomie et se détacher du Tout primordial dont le sein maternel l'enveloppe et le reprend en lui. Mais, pour demeurer un homme à part entière, il ne doit cependant jamais perdre, même dans son indépendance, le contact avec la profondeur maternelle qui le nourrit. Ce thème essentiel du devenir humain revient à chaque étape de son évolution. Plus le niveau de cette évolution s'élève, plus est grande la tension, mais aussi l'obligation d'intégrer, afin de rétablir l'unité humaine originelle, la profondeur maternelle et l'autonomie virile.

LES RÉSISTANCES A LA VOIE

L'homme qui s'engage fermement sur la voie initiatique ne soupçonne pas le nombre d'obstacles qu'il devra surmonter s'il veut lui rester fidèle. Plus il avance, plus les épreuves se font pénibles. L'ennemi recourt à d'innombrables moyens pour arrêter l'homme dans sa quête de l'unité de la vie créatrice et libératrice, et pour l'empêcher de lui porter témoignage dans le monde ainsi que le veut la voie intérieure.

Le but de la voie est la VIE. Tout ce qui immobilise l'homme lui fait obstacle.

Le sens de la voie est la réalisation de soi-même par l'Etre essentiel et son but est la transparence de l'homme à cet Etre. Tout ce qui trouble cette transparence l'entrave et l'obstination du moi existentiel - du moi existentiel primaire aussi bien que de la personnalité accomplie - fait partie de ces obstacles.

La voie tend vers une expérience toujours plus profonde et un témoignage toujours plus pur de la VIE dans sa triple unité, c'est-à-dire sa plénitude, sa loi et son unité. Toute étape parcourue par l'homme, déjà au cours de son évolution naturelle, relève de la réalisation de soi-même. Même les phases les plus précoces restent actives jusqu'à la fin. Ce qui était la dominante joue encore sa partie tout au long de la symphonie, éternellement inachevée, de la vie. Mais chaque étape, comme chacune des cordes d'un instrument, donne dans l'ensemble la note qui est sienne. Trop forte, elle trouble les vibrations du Tout. De toutes les étapes, atteintes ou parcourues, viennent les résistances et les régressions des pulsions, des habitudes et des attitudes anciennes qui se maintiennent obstinément et qu'il faut cependant dépasser.

Il y a d'abord la résistance, si difficile à vaincre, du moi primaire. Il comprend le côté animal de l'homme. Sa surestimation est un constant obstacle à la spiritualité, mais un refus total de cet aspect prive de sève la croissance sur la voie. Le moi primaire se manifeste surtout dans la recherche de sécurité. Trop développée, cette tendance inconsciente est contraire au sens de la voie ; pourtant son absence complète empêche d'y progresser. Du moi primaire relève aussi l'attachement à la collectivité primitive, encore dominée par la Grande Mère archaïque. Cette résistance à la voie est souvent difficile à discerner. Elle s'exprime le plus souvent par des désirs et des aspirations, qui semblent naturelles, vers l'intimité d'un foyer, d'une communauté, d'une église, d'un monastère, d'une vallée paisible. Sous des dehors légitimes, ce sont des manières de manquer la voie - à supposer que l'on soit destiné à la réalisation de soi-même et décidé à s'y engager. Mais si l'homme perd tout à fait les racines qu'il plonge dans le sol maternel, il se dessèche et devient stérile. Résoudre d'une façon juste, sur le plan naturel et sur celui de l'initiation, la tension toujours renaissante entre l'autonomie créatrice virile et la tendance féminine à la fusion est, sur la voie, un constant problème.

La volonté de s'affirmer vis-à-vis du monde et la tendance à assouvir les pulsions élémentaires dépendent du moi primaire. Quand il est frustré, c'est l'aridité. S'il est surestimé, il empêche la maturation.

A la puberté, l'adolescent éprouve sa virilité ou sa féminité. Il découvre aussi son individualité dans une première rencontre avec lui-même en son Etre essentiel. La dimension qui deviendra plus tard complètement consciente dans le saut vers l'initiation apparaît ici pour la première fois.

Dans bien des cas le temps de la puberté peut être annonciateur de la voie. Par ce contact initial avec la transcendance, un être jeune ressent pour la première fois le « monde » et l'ordre des adultes comme un obstacle à l'univers supra-naturel auquel il s'éveille intérieurement. Le froid rationalisme, les conventions impersonnelles, l'hostilité de la société à l'égard de l'individu, la surestimation de l'efficience et la négation du sentiment, se glissent comme un voile de nuages devant l'aube du royaume qui n'est pas de ce monde (III).

La réalité des adultes est ressentie avec évidence comme une entrave à l'épanouissement de l'Etre essentiel. Pourtant le frein que le monde insensible de l'efficacité pratique et l'adhésion à ses exigences mettent à la révélation directe du Soi fait partie de l'évolution vers l'éveil à celui-ci. Un trop longue persistance d'impulsions et de façons de voir légitimes au moment de la puberté peut donc représenter aussi un obstacle sur le chemin initiatique. Car, si elle réclame un constant contact de l'homme avec son essence, au service de l'ETRE, la voie implique cependant un épanouissement intégral de l'individu.

Un des premiers pas sur la voie difficile de la maturité humaine est la prise de conscience de l'antagonisme entre l'exigence - naturelle pour le moi profane même au niveau d'une personnalité dévouée à la société - de fonder sa vie sur des valeurs reconnues, et la vérité de la VIE qui ne se fixe jamais et nulle part. Comment cela ? Une vie conforme à l'éthique, une personnalité sûre, des mérites éprouvés, ne seraient-ils pas la plus haute valeur ? Pleinement réalisée, cette prise de conscience n'est pas une vue théorique mais un éveil essentiel, un choc qui ouvre les yeux. Le monde attaché à ses valeurs, la personnalité et ses mérites existentiels doivent soudain s'effacer devant la réalité créatrice de l'ETRE qui se heurte à tout devenu. S'en rendre compte peut représenter un courageux départ sur la voie. A une condition toutefois : il faut regarder en face et accepter dans sa plénitude son contenu de *promesse* mais aussi le poids d'*obligation* qu'elle comporte. A partir de là vont cependant s'accumuler les difficultés que les habitudes invétérées, les revendications, les tentations de l'existence opposent aux exigences de l'ETRE surnaturel révélées par l'éveil initiatique. Comment y satisfaire ? Comment les concilier avec le monde ? Choisir l'un ou l'autre ? - Non. L'un et l'autre ? - Non. Que reste-t-il à faire ? - Réaliser l'intégration qui fait du monde le champ de manifestation de l'ETRE et où celui-ci, présent dans l'essence de l'homme, devient le but et le sens de la vie dans le monde (XI).

LA SOUFFRANCE HÉROÏQUE

Résister par une existence figée à la poussée de la Vie qui, de degré en degré, impose sa transformation, cause à l'homme une grande souffrance. Elle devient terrible quand il atteint l'état où, désirant entendre l'appel de l'ETRE, il ne réussit pas à tout abandonner pour lui obéir. Son moi indépendant et indocile n'arrive pas encore à céder la place à la vague de l'ETRE cherchant à prendre en lui une nouvelle forme. Sa situation devient pire encore lorsqu'il ne reconnaît pas comme licite cet élan de l'ETRE et se croit obligé d'y résister ou d'accepter héroïquement cette tension. Il ne remarque pas qu'il crée lui-même sa souffrance et que son attitude de douleur consentie en est justement l'origine. Ce qu'il prend, faute de la comprendre, pour une puissance de ténèbres cherchant à le détruire est la croissance de la VIE se heurtant au devenu. Ce qui semble obscur est la lumière qu'il repousse. Arrivé enfin au point de rupture, son seul remède est un abandon courageux, une confiante acceptation. Par une totale conversion, il doit reconnaître qu'il barrait la route à la VIE qui requiert notre adhésion et notre coopération pour apparaître sous la forme qui nous est destinée.

Le désespoir de se heurter à ses limites ouvre la porte à la grande, à l'ultime décision. Dans l'écroulement d'un ordre qu'il croyait avoir solidement organisé, l'homme cherche encore, au moyen de son savoir, de son pouvoir et aussi de son idéal et de ses valeurs, à s'accrocher aux vieilles structures. A ce moment, le moi profane essaye de se servir jusqu'à épuisement des forces qu'il a toujours utilisées. Les désirs du vieux moi se manifestent avec violence. Il ergote, traite comme un moment de faiblesse la crise de sa vie. Par dépit, il en appelle à « l'honneur ». Ou bien encore il subit la tentation de ses plus bas instincts. Au moment de l'épreuve, il sent avec horreur l'énergie intacte de pulsions qu'il croyait depuis longtemps dominées. Encore une fois aussi l'esprit humain indocile et obstiné cherche l'appui de ses vieilles méthodes : il *faut* être raisonnable, il *doit* y avoir une justice, je *dois* en venir à bout tout seul. Et quand tout s'avère inutile, il tente une « digne retraite » et se retire « librement » en soi-même. Il cherche à rompre radicalement, par ses propres forces, tous les liens qui l'attachent à un monde « tellement mauvais ». Orgueilleux et solitaire, il tente de tenir tête à l'univers entier. Il prend ses distances et le regarde de haut. Mais tout est inutile. Il n'en finit pas de souffrir. L'heure exige autre chose.

Il faut sortir radicalement, sans aucune réserve, de la position du moi. Cette nécessité angoissante peut se présenter brusquement à l'esprit avec une extrême clarté. Mais celui à qui son caractère inéluctable finit par l'imposer essaye de manifester une dernière fois son indépendance. S'il est prêt à forcer la porte derrière laquelle il pressent la présence du « tout autre », il veut cependant le faire par ses propres moyens. Il réclame maintenant lui-même le changement qui promet de le sauver. De toutes les forces d'une volonté exaspérée, il se jette au-devant de sa dernière espérance. Comme s'il s'agissait d'un droit, il s'attend, puisqu'il le veut, à voir cette porte s'ouvrir complaisamment pour lui. Or il n'est pas question d'un « droit ». Et, justement parce qu'il le fait lui-même, ce « don de soi » désespéré, magnifique à ses yeux mais encore opéré par sa volonté propre, n'atteint pas le but désiré. Il *veut* encore quelque chose dans son intérêt personnel et tout ici est inutile lorsqu'intervient la volonté d'accomplir ou de conquérir quelque chose. Où commence le domaine de l'Etre essentiel cesse l'empire de la volonté. Pour sentir réellement cette frontière, il faut que, toute sa véhémence épuisée, l'homme soit mûr, prêt à se *soumettre* à une plus haute instance. Alors seulement le moment est venu. Lorsqu'il se dessaisit enfin de lui-même, renonce à son vouloir propre et se détache de son moi, « la main sur la poignée de la porte », dans son abandon exténué, il sent s'ouvrir cet accès vers la liberté qui résistait à son assaut. Il s'ouvre maintenant vers l'intérieur ; la lumière coule à flot. C'est l'instant de la grande transformation (II).

Bouleversé, l'homme découvre une nouvelle dimension, imprévue, entièrement autre. Il se sent remué jusqu'au fond de lui-même, accueilli et porté par une puissance de bonté et de protection. Dans un bonheur extrême, il éprouve en lui-même un centre indestructible. Au moment même où le menaçait un total anéantissement, la Vie qui embrasse toutes choses le prend sous sa sauvegarde et il se sent englobé dans l'ordre universel. Celui qui « s'éveille » alors se tient sur un terrain nouveau, dans un ordre neuf, devant un nouveau commencement. Autour de lui tout est régénéré. Lui-même se retrouve un autre, mais dans cet autre il se sent plus *lui-même* qu'il ne l'avait jamais été. Pour la première fois il découvre, en toute vérité, le caractère unique de son Etre essentiel et, par là même, la force, la loi et la protection de l'ETRE universel. C'est la grande expérience, dont la grâce peut succéder à un désespoir supporté jusqu'au véritable abandon de soi-même. C'est l'expérience d'une renaissance par l'ETRE, la transformation de l'état de moi à l'existence par le Soi. Par elle l'homme passe le seuil qui mène vers la Vie auprès de laquelle l'existence où le faisait végéter son mode de conscience antérieur semble à peine une ébauche de vie. A celui qu'elle transforme fondamentalement, l'expérience offre une seconde fois le fruit de l'arbre de la connaissance. Le premier était la conscience de lui-même et la puissance de la connaissance objective. Celles-ci l'avaient fait parvenir au faîte de l'indépendance, mais la spécificité qui lui venait de sa condition d'homme aboutissait à l'impasse de l'isolement. Dans la mesure où sa capacité d'organiser et d'agir, de connaître et de régler par lui-même l'entraînait à une sorte de despotisme, il avait perdu tout contact avec l'ETRE. Un mode de vie inconciliable avec ce contact le conduisait à sa perte. Une découverte soudaine, la percée d'illumination intérieure et de conversion qui lui est accordée, le font passer du moi arrogant, coupé de son Etre essentiel, au plan supérieur du retour à la grande unité. S'il ne revient pas en arrière, l'action de l'ETRE se manifestera en lui par un rythme d'élan et d'épanouissement conformes à l'unité fondamentale, au souffle même de la Vie qui crée et libère.

L'obstacle bienfaisant

Le moi existentiel, tourné vers ce qui est solidement établi, altère la conscience de la vie surnaturelle et empêche la transparence. Mais, finalement, cela se révèle être une « ruse de la vie ». Pour que celle-ci devienne consciente d'elle-même en l'homme, il lui faut rencontrer la résistance d'une forme contraire sur laquelle elle se détache et qui lui permette de se manifester. S'il ne trouve pas de surface qui le reflète, le rayon ne devient pas lumière. Chaque pas vers l'actualisation du moi, orienté vers le monde et détourné de l'Etre, comporte donc à la fois le danger d'un éloignement de plus en plus marqué et la chance d'une prise de conscience croissante de la souffrance causée par cette séparation. Chance qui est donnée seulement, bien entendu, dans la mesure où l'homme n'essaye pas de percevoir l'Etre, qui commence à se faire jour dans sa conscience intime, par les moyens mêmes qui l'en éloignaient. Les processus soumis à la conscience objective sont ici inopérants. Les capacités intellectuelles les plus aiguisées et les mieux différenciées, qui permettent de saisir et d'ordonner la vie en concepts scientifiques, ne sont pas non plus des moyens d'approche adéquats. L'étude des livres de sagesse, de religion ou d'ésotérisme ne l'est pas davantage. Seul peut ouvrir les horizons nouveaux le saut vers un mode de perception de soi-même et du monde entièrement neuf, qui les fait saisir comme une réalité dans laquelle l'Etre est à la fois voilé et manifesté. L'entendement objectif, aussi affiné soit-il, est incapable de saisir l'objectivement insaisissable. Ce qui se trouve au-delà des frontières de notre conscience ordinaire ne peut s'approcher par des moyens appartenant à l'en deçà de cette frontière. Il faut entendre les sons et les accords venus de l'Etre avec d'autres oreilles et leur répondre par des harmonies distinctes de celles qui nous sont familières. Sentir combien est imparfaite la façon d'entendre et d'écouter appartenant au monde peut cependant nous aider à développer une forme d'écoute propre à découvrir une perception adéquate. Lorsque le médecin examine un malade, par exemple, il peut se rendre compte soudain, avec angoisse, que le regard avec lequel il observe, interroge et définit objectivement son patient fait de celui-ci un objet. Non seulement ce regard passe à côté de la personnalité du sujet qui souffre, mais il le blesse en tant que personne. Peut-être inversera-t-il alors son attitude : ouvert avec compassion à l'humain que l'on ne peut jamais « définir », il s'avancera encore davantage - mais ce pas est rarement franchi - pour atteindre son *Etre essentiel* et lui devenir réceptif. Il accédera ainsi à la connaissance qui touche une autre dimension, impénétrable aux concepts. Elle peut déclencher, de la part du médecin, le mot ou le geste qui guérit. Dans cette forme de perception, il n'y a plus de distance objective mais une fusion intérieure opérant une transformation créatrice et libératrice. Elle suppose le saut vers une autre façon d'être homme, une mutation véritable, une commune maturation sur la voie, vers la réalisation du Soi. La transformation qu'elle amène est plus intense que celle du passage vers la puberté. Elle lui est cependant en quelque sorte apparentée.

L'acceptation des ténèbres

Sur le chemin qui le conduit à chacune de ses formes d'existence, l'homme s'est toujours tu sur beaucoup de points dont il aurait aimé parler. Il a enfermé ce qui aurait voulu se libérer, refoulé bien souvent ce qui voulait vivre. Pourtant, aussi longtemps que ce non-accepté n'aura pas été amené à la lumière, reconnu, vécu, intégré - sans souci des conséquences comme du prix à payer vis-à-vis de l'ordre établi -, toute existence restera bâtie sur le sable. Dès qu'un sujet commence à pressentir dans la transparence son but véritable, il lui faut rechercher inlassablement les points d'accrochage par lesquels il la bloque. Il ne peut l'atteindre par une sorte d'acrobatie intellectuelle ou par un recours à l'imagination. Il doit recommencer sans cesse à « s'éteindre » en tant que moi détenteur conscient d'une position, afin de devenir intérieurement « pur » et de permettre à l'ETRE d'éclore en une transformation continuelle de la personne vers la transparence. La résistance du moi profane, attaché à sa situation, s'observe surtout à chaque contact de l'ETRE s'il dure plus d'un instant. Mais à celui qui s'est endurci dans son moi et sa position d'homme important au sein de la société, rien n'est plus difficile que d'entendre la voix de la profondeur qui menace cette position, de l'écouter et de lui obéir.

La première expérience de la grande lumière, elle aussi, est inquiétante à l'extrême. Pour qu'elle se réalise il faut se transformer. Toute métamorphose réelle, caractérisée par une transparence durable, suppose justement, après une expérience de lumière, une plongée dans le monde de l'ombre, un anéantissement dans sa profondeur. Au moment même où la floraison de la vie paraît à portée de la main, où nous distinguons déjà l'éclat de sa couleur, où nous percevons son parfum et croyons déjà la cueillir, il nous faut renoncer à cette tentative immédiate. Il faut faire face, encore et encore, à notre ombre. Ainsi seulement pouvons-nous accéder à la transformation décisive et légitime qui exige aussi la rencontre des puissances métaphysiques des profondeurs. Parce que l'homme a été saisi par elles, il peut ensuite les reconnaître et les intégrer.

La transparence authentique par laquelle l'ETRE éclôt définitivement, comme la lumière qui absorbe en elle tous les contraires de clarté et de ténèbres, exige auparavant la mort dans les ténèbres absolues. Cette mort est précédée par l'expérience de lumière où l'homme se sent pour la première fois délivré de la misère du moi existentiel. Cette première expérience où, libéré de la prison de son moi, il est porté hors de lui-même vers le surnaturel, lui donne la tentation d'y demeurer. Elle entraîne pourtant après elle une expérience de « ténèbres », aussi impossible à réduire au plan psychologique que celle de la première lumière libératrice. La percée de cette clarté au-delà des contraires, au-delà de la lumière et des ténèbres, qui nous attend au plus intime de nous-mêmes, ne peut s'accomplir que par la rencontre de la lumière *et* de son opposé.

La peur devant la VIE

L'ordre de vie et la structure de conscience qui séparent l'homme de l'essentiel peuvent être plus ou moins denses et opiniâtres, mais ils sont susceptibles aussi de devenir, un instant ou davantage, perméables à l'Etre. Cela peut venir d'événements extérieurs ou d'une poussée intérieure qui ouvre une brèche dans la défense du moi « bien ordonné ». Un chagrin, une frayeur, une brève joie, un élan - de toute occasion peut surgir un instant de transparence. Quelque chose de nouveau monte alors de la profondeur ébranlée et, pour un instant peut-être, bouleverse toute l'ordonnance de la vie. L'homme est mis devant une réalité jusque-là ignorée - ou plutôt serait mis en face de cette réalité s'il savait de quoi il s'agit. Mais la plupart du temps il ne fait que pressentir l'ampleur d'une dimension inconnue Il ne sait pas ce qu'elle lui apporte, ou bien il n'est pas encore prêt au revirement nécessaire. Ignorant ce qui sera exigé de lui, il a peur. Un mécanisme de défense se déclenche automatiquement et le referme sur lui-même. La vague de Vie qui pour un instant soulevait en lui une énergie régénératrice retombe sans porter de fruits. Les vieux systèmes bien rodés reprennent leurs droits. Tout dépend pourtant ici d'une ouverture définitive à la vie nouvelle.

Tout homme dispose, selon son degré d'évolution, d'une certaine mesure de liberté qui lui permet soit de s'ouvrir à la profondeur qui résonne en lui, soit de lui préférer un mécanisme de défense, liberté de réagir à l'appel par l'engagement ou de lui résister. Mais le plus souvent il est effrayé par les puissances de son inconscient, celles de l'ombre qui menace son ordre actuel, mais aussi par l'intense charge de vie nouvelle contenue en elle. Il craint de voir sourdre de son ombre une vie non vécue devenue, parce qu'il l'a refoulée, malsaine et vénéneuse. Elle lui fait encore plus peur que l'abandon de ses anciens systèmes car, plus que la destruction de ce que l'ombre menace, il craint la vie dont le refoulement engendre cette ombre. Quand cette vie sera libérée des forces agressives accumulées par l'ombre, elle mettra davantage en question son existence bien réglée. Ainsi la résistance contre une victoire sur l'ombre et son intégration à la personnalité a une double racine : l'une est le souci de maintenir sans changement ce qui existe, la crainte donc de le voir détruit, l'autre est la peur du « nouveau » qui jaillira pour prendre la place de l'ordre actuel après l'élimination de l'ombre. Cela peut être, par exemple, un masque de religion qui, arraché, laissera apparaître la bête.

L'ombre

Les jeunes gens s'insèrent à contrecœur dans la société de consommation où ils sont appelés à jouer un rôle de membre bien adapté, utile à l'organisation collective. Ils s'y voient privés de la reconnaissance et de l'appréciation de leur individualité et il leur faut y renoncer à beaucoup d'aspirations venues de leur profondeur et témoignant de leur Etre essentiel. La position, heureuse ou malheureuse, qu'ils trouvent et développent dans la structure de la communauté est cependant le seul arrière-plan sur lequel ils peuvent percevoir et éprouver ce qu'est, en fait, la voie initiatique. C'est sur ce terrain qu'ils attestent leur engagement vis-à-vis de la présence créatrice et salvatrice de « l'autre dimension », celle qui transcende non seulement le moi primaire égocentrique mais aussi la personnalité altruiste au service de la communauté. L'expérience de l'ETRE surnaturel conduit au dépassement de tous les liens existentiels, et l'obéissance à l'appel né de cette expérience s'oppose aussi bien à une insertion satisfaite dans la société qu'à un oppressant asservissement à ses systèmes. Sans doute, plus l'homme trouve le sens et la valorisation de sa vie dans l'efficience, le service, l'amour et la création altruistes, plus la domination toujours renouvelée qu'il exerce sur son petit ego l'engage déjà vis-à-vis d'un ETRE supérieur. Que vouloir de plus ? Et, en fait, l'abnégation au service des valeurs du beau, du vrai et du bien - et des « symboles » qui les incarnent -, l'oubli de soi dans l'aide au prochain, à la communauté et au monde sont la manière dont, à cette étape, l'autre dimension se manifeste. Ils sont en effet une défaite pour le moi égocentrique, avide de puissance, jouisseur et peureux devant la douleur. « Ce monde » devient alors, pour l'homme devenu une personnalité accomplie, le lieu d'épanouissement d'une forme complète de son humanité où semblent se réaliser toutes ses virtualités. Mais le fait de s'inscrire dans un ordre existentiel satisfaisant et de se soumettre à ses valeurs finit par constituer le principal obstacle à la naissance de l'autre royaume. Et paradoxalement en apparence, l'opposition à la société, le refus de ses aspects décevants ou révoltants favorisent souvent l'ouverture à d'autres dimensions.

La protection d'une communauté dont l'existence détermine le « devoir » de ses membres correspond à un *besoin primordial* de l'homme en tant qu'être « social », dépendant du toi comme de la collectivité. Ce besoin, tout comme les tendances qu'il implique et chacune de leurs réalisations, créent une opposition - donc une résistance - face à la vocation venue de l'Etre essentiel, ce noyau de l'individualité qui réclame le dégagement de tout lien afin de manifester librement le surnaturel. L'accueil et l'abri au sein d'un groupe - depuis la famille jusqu'à l'Etat - correspondent donc naturellement à un aspect et un degré du devenir humain, et pour beaucoup le plus haut qu'ils puissent atteindre. Mais, quand ils s'imposent comme un absolu, ils représentent une entrave à la manifestation de l'ETRE, exclusivement possible sur le plan individuel. Et cette réserve ne s'applique pas au seul cas de la société moderne de consommation et de rendement devenue inhumaine.

Aujourd'hui où l'antinomie entre l'Etre essentiel et la société semble justement atteindre son paroxysme, il importe de reconnaître les résistances qui s'opposent au « tournant vers l'ETRE », même dans une collectivité digne de l'homme, simplement parce que sa stabilité exige un fonctionnement parfait de la coopération entre tous ses membres et néglige ainsi nécessairement l'individu. La répression des tendances personnelles qu'elle lui impose est la principale origine de « l'ombre ».

Entre le moi, qui s'exprime en rôles multiples dans le monde, et l'Etre essentiel individuel tendant à se manifester, se tient « l'ombre » qui exerce ses méfaits dans l'inconscient. Elle trouble aussi bien le fonctionnement harmonieux du moi profane que l'épanouissement du Soi. Sans un assainissement de cette ombre, il ne peut pas y avoir de progrès sérieux sur la voie intérieure.

Par l'ombre nous entendons les pulsions inacceptées qui font cependant partie de l'intégralité de l'homme. Le refoulé tendant à se faire jour menace la surface, ordinairement unie, la façade de bienséance, que l'on montre au monde. Il est donc ressenti comme « ténébreux ».

L'ombre se compose d'aspects de caractère inné non épanouis, de pulsions et de désirs naturels primitifs refoulés dès l'enfance : désir de relâcher le contrôle sur soi-même, par exemple, besoin d'être apprécié et compris, de recevoir de l'affection. Elle comprend aussi les rancunes étouffées, nées des contraintes, des vexations, des attaques d'un monde méchant. L'ombre est donc une masse d'expressions d'agressivité et d'explosions interdites. Elle comporte enfin les contradictions entre les différents aspects du moi profane déterminé par la société, et l'individualité inacceptée de l'Etre essentiel. A l'ombre appartient tout simplement, dans l'ensemble, ce qui est opprimé, l'encore inconscient, l'inadmis et, par là même, la vie qui menace toujours le devenu. C'est pourquoi, et cela semble paradoxal, son propre Etre essentiel tendant à se manifester, et refoulé par la forme stagnante du moi, est toujours en l'homme le noyau de l'ombre. En d'autres termes, l'ombre du moi existentiel est justement la transcendance immanente, dans la mesure même où l'étouffe l'ordre de ce moi profane. C'est donc aussi la présence, qui nous habite, de celui qui a dit : « Mon royaume n'est pas de ce monde », qui nous a donné le nom de « frères » et nous a exhortés à le suivre. Celui qui - aussi en nous - est venu apporter non la paix mais le glaive, celui enfin qui pouvait dire aux hésitants : « Laissez les morts enterrer leurs morts », et à sa mère : « Femme, qu'y a-t-il entre toi et moi ? »

Il est l'ombre qui vit en nous comme le scandale absolu, la terreur de notre bourgeois et de notre pharisien intérieurs. Le Christ en nous - la voie, la vérité et la vie inacceptées - est pour l'homme attaché au monde, le « juste » précisément, le noyau d'ombre absolu parce qu'il menace de détruire les systèmes bien ordonnés. Mais dans l'ombre il y a aussi la grande promesse, la *lumière* interceptée. L'ombre, conçue comme la vie empêchée, peut être aussi la lumière sous la forme de ce qui lui barre la route. Quand le mur s'écroule, le tourment venu du refoulé peut se transformer en une bienheureuse expérience de la vie contenue en lui. L'ombre n'est pas seulement la force menaçant ce qui existe, mais aussi l'aspect de ténèbres, mettant en danger notre forme actuelle, de la lumière qui nous promet la régénération.

L'ombre se forme déjà en grande partie pendant l'enfance. L'enfant éprouve une confiance primitive en la vie. « Primitive » signifie ici « antérieure à toute expérience », non conditionnée par celle-ci, mais confiance qui détermine et porte toutes les expériences - qui les porte dans la protection, encore non troublée, de l'ETRE. Lorsque le terrain psychologique et l'entourage où l'enfant se développe sont en harmonie - et préservent le contact - avec son Etre essentiel selon le langage de chacun de ses stades d'évolution, c'est-à-dire des organisations successives de lui-même et du monde, le passage du sentiment initial de confiance instinctive envers le monde à l'ordre de conscience de l'adulte s'effectue sans rupture. On arrive ainsi à une assurance naturelle, une capacité de s'affirmer et un sentiment d'appartenance sans conflit au monde environnant. Des contacts spontanés, une capacité d'amour oblatif grandissent grâce à cette foi, restée inaltérée, dans l'ordre fondamental de la vie. La condition est que les choses et les personnes qui entourent l'enfant ne contrarient ni ses tendances foncières, ni l'individualité de son Etre essentiel mais, au contraire, y répondent. La formation du moi réussit alors parce que l'enfant ne s'est pas coupé des racines de son essence. L'adolescent acquiert en face de la vie une attitude de confiance en soi, soutenue par son Etre essentiel, qui ne se dément pas lorsqu'il échoue devant les responsabilités ou les obstacles du monde. Les désillusions n'ébranlent pas sa foi dans la vie et, grâce à ce sentiment de protection fondamental, il reste, malgré des moments passagers d'isolement, en contact immédiat avec les autres, le monde et Dieu.

Mais lorsque, dans l'enfance, les sentiments instinctifs de foi et de sécurité sont déçus par la défaillance des personnages-clés de son entourage, l'enfant est rejeté sur lui-même. Cela représente plus qu'un « échec psychologique ». Sa relation avec la profondeur formatrice, conforme au Soi, est désormais faussée. Or l'enracinement dans et l'union avec l'Etre essentiel, nécessaire à la formation d'un moi réussi, dépendent de ce contact. Lorsqu'il a perdu son lien originel à ce qu'il est essentiellement, l'homme est réduit aux capacités de son moi, à ce qu'il possède, ce qu'il sait, ce qu'il peut. Sa confiance en lui-même est alors « du second degré ». Elle ne s'appuie plus que sur l'efficacité de son moi et l'appréciation d'autrui. Si l'un et l'autre sont faibles, aucun sentiment d'assurance personnelle ne parvient à se créer. Ainsi se forme un sujet qui, avec un acharnement plus ou moins héroïque, tente de remplacer par l'intelligence et la volonté, par le travail et la maîtrise de soi, ce qu'il a perdu en force et en valeur naturelles. Derrière la façade grandit alors « l'ombre », le loup, la sombre sœur ou la sorcière, l' « alter ego ». Elle incarne, avec la vie non vécue, soit les impulsions initiales de l'Etre essentiel, soit les réactions refoulées aux blessures ou aux tentations du monde. Le non-vécu, le non-exprimé, fermentent en agressivités refoulées qui, parce qu'inconscientes, se retournent contre l'homme sous la forme de dépressions ou de maladies.

Les méfaits de l'ombre s'exercent sur l'inconscient. Elle se tient entre l'Etre essentiel et le moi conscient avec sa façade. Elle est le principal obstacle sur le chemin de la maturité. En prendre conscience, la reconnaître et intégrer les forces qu'elle renferme, fait partie du travail de la voie intérieure. C'est l'étape où l'aide de la psychothérapie est nécessaire. Car il existe des analogies et des rapports bien marqués entre les troubles névrotiques et le malaise de l'homme contemporain, quant à leur origine et aux moyens de les surmonter.

A la consultation du psychothérapeute on ne rencontre pas seulement les troubles des cas extrêmes mais aussi l'anxiété qui caractérise le malaise de notre temps : malgré toutes les connaissances, les pouvoirs et les avantages matériels, ne pas avoir le droit d'être « celui » que l'on est fondamentalement. L'origine de cette souffrance a beaucoup de points communs avec celle que le psychothérapeute découvre aux conflits névrotiques nés dans la prime enfance. Ses causes les plus fréquentes : la répression qui décourage déjà l'enfant et détruit sa confiance primitive et son indépendance, l'individualité de son Etre essentiel incomprise, le manque d'affection qui laisse l'enfant abandonné à lui-même. Tout cela mine la foi en la vie. Le résultat se manifeste plus tard par l'angoisse, la culpabilité ou les névroses de contact. Ces facteurs ont de nettes analogies avec les caractéristiques de nos formes actuelles d'existence. On a beau parler sans cesse de liberté individuelle, les forces d'épanouissement et d'affirmation de soi-même vont se réduisant et se désagrégeant de jour en jour. Les manifestations de la personnalité sont sacrifiées à l'adaptation au « rôle » qu'il faut jouer. Les contacts affectifs se dégradent et font place tout naturellement à des relations pragmatiques. Exactement comme l'enfant mis dans de pareilles conditions, l'homme contemporain adopte en face d'un monde foncièrement contraire à l'ETRE un comportement passe-partout qui lui assure une certaine sécurité, l'absence de conflits et de souffrances. Mais, dans la mesure où ce comportement s'automatise jusqu'à devenir une seconde nature, il nuit, tout comme les mécanismes névrotiques, à l'Etre essentiel dont les impulsions refoulées dans l'inconscient engendrent les forces de l'ombre. Elles produisent l'agressivité refoulée, les dépressions et, finalement, la maladie.

CHAPITRE V

L'EXERCICE

LE SENS DE L'EXERCICE

Le seul chemin menant de l'expérience de l'ETRE vers la transformation qui vient de l'Etre et vers le témoignage rendu à l'ETRE, est la fidélité à l'exercice.

Le but de toute pratique sur la voie est la *transformation* grâce à laquelle la présence de l'ETRE surnaturel s'impose de plus en plus clairement à la conscience intime et exerce toujours davantage son influence sur l'existence de l'homme. Elle le fait tendre vers cet état de transparence qui permet à l'ETRE de se manifester en lui et à travers lui dans le monde par sa plénitude, sa loi et son unité. L'ETRE est chez l'homme le moteur, le sens et le bienfait de son action ou de son renoncement à l'action, et il se révèle par le rayonnement qui se dégage de sa simple existence. L'homme participe à l'ETRE en son essence. Cette participation est ce qui constitue son Etre essentiel qui est lui-même l'ETRE selon son mode individuel. La transformation en témoin de l'ETRE représente donc pour l'homme la réalisation de lui-même. Il doit devenir ce qu'il est fondamentalement, c'est-à-dire selon son essence : une modalité de la vie divine. Ce qu'il est et demeure par son origine céleste, un enfant de Dieu, doit lui devenir intimement conscient. Cela d'une façon telle qu'il ose, librement, en personne responsable, témoigner de l'absolu au milieu du contingent, selon la condition de son origine terrestre.

Conditionné par le monde, l'homme devient conscient de

celui-ci et de lui-même de telle manière qu'il brise ainsi son union originelle avec l'ETRE. Les limites et la structure de la vision du réel ainsi acquise l'empêchent d'intérioriser la conscience de l'ETRE, et son moi profane, qui s'en éloigne, oppose ses exigences à celles de l'essence où cet ETRE demeure immuablement. Cet antagonisme crée une souffrance spécifiquement humaine, qui fait naître la chance de voir un jour l'Etre essentiel entrer en conflit avec le moi profane. Petit à petit, ou par une brusque percée, l'expérience de l'ETRE pénètre alors la conscience profonde : la porte s'ouvre sur l'ETRE jusque-là caché. La tâche de l'homme consiste maintenant à tenir ouverte cette porte afin que l'action de l'ETRE puisse transformer entièrement le sujet centré sur son moi. Déjà, selon le degré de profondeur qu'elle atteint, l'expérience l'a plus ou moins modifié. Il ne reste jamais tout à fait le même après elle. Pourtant, même plusieurs expériences d'illumination, où l'ETRE éclaire pour un instant l'obscurité de l'existence profane, ne produisent pas encore une transformation durable. La fidélité à l'exercice est nécessaire. Il est le nerf de la vie nourrie de signification nouvelle qui vient de commencer.

Pour amener ce sens nouveau à sa réalisation, il faut trois éléments : *l'expérience, la perspicacité, l'exercice.* Ces trois facteurs sont liés et, sur la voie, leur jeu se combine constamment. Quand, par la perspicacité, le sens de l'expérience s'élargit, elle est aussi éprouvée plus profondément. Ainsi, avec l'aide de l'exercice, qui gagne en précision et en efficacité par la fidélité du méditant, on accède à l'étape suivante de la transformation.

LA NOUVELLE CONSCIENCE

La métamorphose qu'exige la voie initiatique concerne l'homme tout entier, *esprit, âme* et *corps.*

Esprit - âme - corps. Une infinité de notions diverses résonnent ici. Dans l'exercice, considéré comme une pratique de transformation, le *corps* dont il s'agit n'est pas celui que l'on *a* mais celui que l'on *est*.

L'*âme* signifie l'attitude du *cœur*, la façon dont on ressent, *la disposition* générale. Elle oscille entre la clarté et l'obscurité, la contrainte et la dilatation, le froid et le chaud. Le caractère de la disposition, aussi bien que les causes de ses fluctuations, permettent de distinguer clairement si l'homme vit par son origine céleste ou par son origine terrestre.

Le domaine de la métamorphose qui concerne *l'esprit* c'est avant tout l'homme en tant qu'être possédant une conscience. Il ne faut pas entendre seulement par là les contenus de cette conscience mais aussi sa forme. Quand l'homme naturel parvient au degré initiatique, d'autres contenus s'ajoutent aux anciens mais tous prennent, en outre, un sens nouveau. L'importance et la valeur des systèmes qui, dans le monde, sont le support de sa vie consciente se modifient avec l'apparition d'un centre de signification nouveau. A la place, ou du moins à côté de la forme de conscience objective intervient la conscience intériorisée (IV). Lorsque, non seulement à cause d'une croyance mais par suite d'une connaissance fondée sur l'expérience et fortifiée par elle, l'ETRE divin devient le centre et le guide de l'homme, l'ordre terrestre reste valable dans la seule mesure où, à travers l'homme tout entier, il sert le témoignage de l'ETRE.

Quand l'ETRE s'est intériorisé en l'homme, comme une promesse et comme une exigence, le rôle de l'exercice est de travailler avant tout à changer la forme de la conscience. La pratique tendant à la transformation doit développer en premier lieu la conscience profonde.

L'homme possède deux espèces de conscience : la conscience sensible, intuitive, non objective, perçoit la vie qualitativement. La joie et le chagrin la caractérisent. La seconde, la conscience objectivement définissante, cherche à arrêter la vie qui passe. Elle réfléchit le vécu, par rapport à la position du moi, comme un objet, le rend conscient et le définit comme « quelque chose ». C'est la conscience objective, axée sur une réalité des faits, indépendante du sujet qui les vit. Dans l'autre, la conscience intériorisée, la vie pénètre et demeure dans ce qui est éprouvé. La conscience objective conçoit la vie comme une série de rapports qu'elle classe et ordonne. Apparaît « réel » ce qui peut s'insérer dans une structure préétablie de concepts (Descartes). La prédominance de cette conscience est un des obstacles majeurs sur la voie initiatique qui, elle, gravite autour de la VIE, insaisissable aux concepts. Seule lui est conforme la conscience qui garde le contenu d'un vécu éprouvé et le laisse agir sans l'objectiver. Détruire l'hégémonie de la conscience objective est donc un thème essentiel de tout exercice sur le chemin initiatique. Toute pratique de la voie implique nécessairement l'exercice de a conscience intériorisée.

Dans la mesure où la réalité de la vie surnaturelle, qui règne sur le chemin initiatique par la promesse, l'expérience et l'engagement, commence à dominer l'horizon de l'homme, la nécessité d'un nouveau mode de connaissance se fait jour. Il n'a pas grand-chose de commun avec la « science » au sens antérieur du terme. Ainsi donc, à côté des sciences exactes et des sciences humaines, une autre forme de science de l'homme doit apparaître. La connaissance, vue sous le signe de l'origine céleste, est différente du savoir conçu sous l'angle terrestre. La connaissance, dans les sciences exactes, commence par l'observation des faits et aboutit à leur explication, la validité de celle-ci étant soumise au consensus omnium. Le savoir, dans les *sciences humaines,* commence avec les formes de perception qui concernent les rapports de signification. Elle aboutit à une compréhension qui suppose, au préalable, chez celui qui étudie ces rapports, un sens de ce qui doit être compris.

Dans la *science de l'homme* à venir, la profondeur possible de la connaissance dépendra de la maturité du connaissant. Cela veut dire qu'avec cette profondeur du savoir ira diminuant le nombre de ceux qui saisiront ce dont il s'agit. Les mots, les images, les concepts de cette science sont des chiffres et des signatures. La connaissance sur laquelle s'appuiera l'entendement ne sera pas rationnelle mais initiatique. Elle sera fondée sur l'expérience de l'ETRE et la transformation qu'elle apporte. Cela signifie que l'expérience de l'origine divine de l'homme et la reconnaissance de la mission qui lui est impartie dans le monde soulèvent, pour ceux qu'elle touche, le voile qui leur cachait une réalité entièrement nouvelle. Elles leur imposent aussi une nouvelle forme de connaissance capable de percevoir cette réalité. Connaissance qui ne repose pas sur un recul objectif et pragmatique, mais sur l'ensemble de vibrations d'une fusion personnelle, non objective, c'est-à-dire sur *l'amour*.

Le monde donné en partage à l'homme sur le plan existentiel ne cesse pas d'être objectivement présent dans la vision nouvelle. Mais, dans cette objectivité même, quelque chose qui la transcende doit être perçu comme son centre. A ce centre l'homme ne peut s'adresser et répondre, selon le mode essentiel (beaucoup de gens en parlent aujourd'hui), que s'il réussit à le saisir et à saisir son importance en lui-même. « Si l'œil n'était pas ensoleillé, il ne pourrait jamais apercevoir le soleil. » Tout exercice sérieux, visant à la transformation du sujet, gravite autour de l'éclosion de ce sens intime. La nouvelle conscience qui naît et se développe grâce à lui permet aussi d'accéder essentiellement aux plans supérieurs. Tous les efforts de l'homme pour s'élever ou pour étendre son horizon vers des sphères plus hautes au moyen de sa conscience naturelle seront inutiles. Ils restent en effet limités par l'ordre de son ancienne vision, les catégories de temps et d'espace, d'identité et de causalité par exemple. Mais s'il parvient à la conscience conforme à son Etre essentiel, les plus humbles parmi les choses ordinaires du monde lui paraîtront neuves et, sous le voile du déjà connu, se révélera le mystère de l'éternellement inconnu. En toute rencontre, avec une autre personne en particulier, l'œil de l'Etre essentiel contemple celui de l'autre. Dans l'intériorité de cet autre, le monde objectivement présent devient lui aussi transparent. Chez celui qui la perçoit, la transcendance omniprésente, cachée en lui, est manifestée dans sa rencontre avec elle-même.

Tant que la transparence, objet de quête ou de foi, sera examinée par la seule conscience naturelle et recherchée comme un « quelque chose », elle ne se montrera jamais que sous des aspects qui reflètent le caractère et l'organisation de la conscience qui nous en sépare. Si l'on transpose des conceptions du réel, objectivement valables aux yeux du moi, sur une représentation de la transcendance qui fait, d'elle aussi, la réalité objective de « quelque chose », les conséquencse sont redoutables. La transcendance devient alors un objet dont la réalité se présente non seulement comme indépendante du vécu de l'homme, mais aussi comme lui étant inaccessible. Toute expérience de transcendance est ainsi rendue nécessairement suspecte de pure subjectivité.

Cela devient particulièrement grave lorsque, la transcendance étant vraiment éprouvée comme la réalité du « toi », on se distance de lui par crainte de tomber dans la subjectivité et l'on finit par le traiter comme un vis-à-vis inaccessible et par nier l'unité inhérente à un « toi » véritable.

Exercice et grace

Un thème central parcourt toute vie religieuse : c'est le problème de la relation entre l'exercice et la grâce. Un rapprochement entre l'action de l'homme, c'est-à-dire la force de sa volonté et de ses capacités, et celles de la grâce - don coulant en lui d'une « tout autre source » - amène à se faire une certaine idée du rapport de l'homme à la transcendance. Une image de l'homme en soi s'y reflète par conséquent aussi. Chaque religion, chaque théologie suppose donc une anthropologie déterminée, dont les particularités et les limites sont souvent insuffisamment connues. Pour l'anthropologie qui forme la base de notre vie et de notre éducation relgieuses le temps est venu de dépasser des limites jusqu'ici craintivement respectées. Par une plus large attitude d'accueil, nous devons corriger le tracé actuel des frontières entre l'homme et la transcendance.

La notion de grâce se fonde en général, jusqu'à présent, sur une conception réduite à l'homme « naturel », dont la conscience de soi et la vision du réel considérée comme sérieuse dépendent de son identification au seul moi existentiel. A partir de sa position de moi, il définit toujours l'autre, c'est-à-dire tout vécu, comme un objet. Le monde, dans la mesure où il est réel, est conçu comme un donné objectif. Sans objet, le moi n'existe pas. Quand on attribue cette structure exclusive à la conscience humaine, tout ce qui possède une réalité potentielle doit être entendu comme un « vis-à-vis » de soi, le reste étant nécessairement « purement subjectif ». Ainsi l'on ne peut, bien entendu, considérer l'action de la grâce que sous l'aspect d'une relation « distante » entre Dieu et l'homme.

Lorsque l'homme voit toute chose à travers son moi existentiel, une expérience éprouvée comme une grâce revêt naturellement pour lui une qualité d'origine divine, dépourvue de tout caractère humain. Le don qu'elle apporte n'a rien à voir avec l'effort de l'homme, son mérite ou son évolution personnels. Le travail, même celui de l'exercice, est alors sans rapport avec le don de la grâce.

Le moment semble cependant venu, aujourd'hui où l'importance des expériences de l'ETRE est prise au sérieux, de reconnaître à l'homme qui vit, souffre, cherche et aime, en bref l'homme réel, un noyau d'« absolu », de supra-humain, de surnaturel, qui transcende la capacité d'entendement et l'horizon de sa vision existentielle. Lorsqu'intervient la percée de la réalité supra-terrestre, il vit ce qui le transcende comme le mode de présence en lui d'un ETRE absolu, comme le principe même de sa vie, son centre, son Etre essentiel propre. Il éprouve et reconnaît ceci au-delà du moindre doute possible. La notion de grâce s'emplit pour lui d'un sens nouveau et lui fait découvrir d'autres aspects du problème de la relation entre exercice et grâce. Celle-ci ne lui apparaît plus comme un don venant de l'extérieur. Par la *grâce innée à son Etre essentiel* il se perçoit lui-même comme ce qu'il est essentiellement. Il doit intérioriser cette conscience de soi-même comme centre, promesse et vocation. Voilà, comparé à tout ce qu'il doit atteindre avec effort dans son moi existentiel, ce qui est le don de la grâce. Prendre pleinement conscience de ce don, s'y ouvrir, se transformer en harmonie avec lui, au service de l'ETRE divin qui l'habite, telle est la tâche conforme à sa destinée d'homme. La remplir est le travail de l'exercice.

L'homme naturel voit dans la grâce un don venu de Dieu, du dehors. Pour l'homme initiatique, elle est le Dieu intériorisé, don et engagement qu'il doit rendre conscient, profondeur de son Etre essentiel comme de celui de toute la réalité du monde objectif. Le travail de l'exercice se limite, pour l'homme naturel, à une pratique physique, psychique, ou aussi morale. Prendre conscience de la grâce innée sous la forme de son Etre essentiel, puis correspondre à la volonté de manifestation de la grâce, c'est-à-dire devenir transparent afin de la percevoir et de lui permettre de se révéler, en lui et à travers lui, dans le monde : tel est, par contre, pour l'homme initiatique, le travail de l'exercice.

La conception qu'a de l'existence l'homme naturel contrarie, par ses tendances (statiques) à subsister et à demeurer, la VIE qui tend à une perpétuelle transformation dynamique. L'œil intérieur de l'homme initiatique voit dans la poussée du devenir, dans la libération et la métamorphose par l'ETRE et au service de l'ETRE, son principe de connaissance et d'action. En ce principe, le connaissant et le connu dans l'Etre essentiel, c'est-à-dire dans le Christ, se rencontrent et se découvrent réciproquement L'homme initiatique ne voit plus dans la relation entre l'exercice et la grâce un don que l'on reçoit mis en rapport avec ce que l'on fait, mais ce que l'on est soi-même, inconsciemment, en son Etre essentiel et qui, au moyen d'un exercice particulier, peut devenir conscient et former le principe directif de la vie et de la véritable réalisation de soi-même (XIV).

Répétition

La première condition de toute pratique est de comprendre et d'assimiler vraiment son sens d'exercice. Il ne s'agit pas ici de s'entraîner en vue d'un savoir destiné à rendre plus efficace dans le monde, mais de tendre vers une nouvelle façon d'être mise au service de la voie intérieure. L'éducation d'une aptitude se termine lorsqu'on est capable d'exécuter ce à quoi on s'est exercé. Sur la voie intérieure, l'exercice commence au moment où l'on est apte à effectuer ce qui a été appris et il consiste en une éternelle répétition de ce qu'on sait faire. Quand la technique d'une activité est parfaitement acquise, le déroulement le chaque répétition reflète alors l'attitude de celui qui l'effectue. Toute faute dans l'exécution révèle donc chez lui une mauvaise attitude. Lorsque celle-ci est reconnue comme telle, les efforts tendant ensuite à une exécution parfaite deviennent un travail du sujet sur lui-même. De même, les exercices fondamentaux de posture et de respiration justes n'amènent un progrès que s'ils sont techniquement maîtrisés. L'homme intérieur avance par la constante répétition, tout au long de la journée, d'une exécution des mouvements conforme à l'Etre essentiel. Ainsi le quotidien devient exercice.

La répétition, inhérente à l'exercice spirtuel, s'impose difficilement en un temps où une réaction de spontanéité contre les manipulations toujours croissantes d'une société techniquement organisée fait rechercher - ici et maintenant, à l'instant même - la connaissance créatrice, l'amour, la formation, l'action immédiate. Cette répétition est également mal tolérée comme moyen de progrès religieux car elle se trouve en contradiction avec une optique qui voit l'essentiel dans l'aspect unique de l'instant où l'on se tourne personnellement vers Dieu et dans son action imprévisible sur l'homme. Pourtant, par l'habitude de certaines attitudes précises qu'elle crée, la répétition contribue à produire les conditions qui favorisent, justement, une spontanéité venue des profondeurs aussi bien que l'ouverture à la percée soudaine, et toujours unique, du divin. Un troisième facteur, enfin, discrédite aujourd'hui la répétition : tout exercice exige une discipline. Or, la génération actuelle y est allergique. Elle est anti-autoritaire jusqu'à l'hostilité à l'égard de tout ordre et de toute forme. La répétition, principe d'exercice, implique naturellement *l'obligation* de faire une chose, quels que soient le désir ou l'humeur du moment. Il faut cependant distinguer ici entre une discipline volontairement adoptée, résultant d'une libre décision par laquelle le sujet répond à l'autorité de son propre Etre essentiel, et la discipline imposée, qui vient de l'obéissance à une autorité extérieure.

Le but de l'exercice est la transparence. Il la sert, dans l'immédiat, en automatisant une action de façon à permettre de débrancher le moi qui définit objectivement, qui *fait* toujours quelque chose et s'inquiète de ne pas réussir. Ces trois éléments - définir et s'accrocher, agir volontairement et craindre l'échec - entravent l'intériorisation et bloquent l'action potentielle de cette réalité qui ne peut jamais être « faite » et agit seulement lorsque se retirent la volonté, le savoir et la force active.

Au commencement de tous les cultes religieux on trouve la danse et le chant sous la forme d'une inlassable répétition de mouvements rythmiques et de psalmodies. Ces exercices suspendent le mode d'existence et de conscience qui tient « les positions » de l'homme naturel. Ils amènent celui-ci à un état particulier qui le sort de lui-même. Arraché à son moi individuel qui l'enfermait et le séparait des autres, il entre dans un état extatique et se sent embrassé dans une réalité plus vaste. Il peut se laisser aller, s'abandonner, se sentir bienheureusement libéré et protégé. Dans une sorte de vertige, il est porté au-delà des étroites limites de ses perspectives habituelles. Non seulement il se trouve alors en contact avec une autre dimension, mais il a le sentiment de regagner sa partie originelle. Vivre cela n'est-il que primitif ? accessible à l'homme primitif seul ? Certainement pas. Mais ce que l'homme hyper-civilisé prend pour de l'indépendance est quelque chose qui le sépare de l'unité primordiale. Celle-ci pourtant l'attire toujours car il y participe irrévocablement par son Etre essentiel. Plus il devient étranger à sa patrie d'origine, plus il sera saisi par la force de son tourbillon le jour où il s'abandonnera à ce « primordial ». Bien des phénomènes de notre temps doivent être interprétés comme des tentatives de libération d'aspects refoulés venant de l'homme primitif. Lorsqu'ils sont non seulement disciplinés au nom de la mesure, mais encore traités en suspects et rejetés, ils finissent par exploser avec toute leur force élémentaire (XIV).

Toute éducation, surtout celle des professions engagées dans la direction des hommes - professeurs, thérapeutes, prêtres - comprend de plus en plus la recherche des gestes conformes à l'Etre essentiel et leur exercice en une perpétuelle répétition. Par la danse, en particulier, moyen d'exploration et de libération de soi-même, par l'expression corporelle. Mais il importe aussi de connaître la double signification de tout exercice et d'acquérir le sens du corps.

La double signification de toute action

L'ambition et la peur de souffrir du moi primaire, son besoin de se faire valoir et d'exercer sa puissance, sa méfiance foncière envers la vie et le désir de sécurité qu'elle engendre, nuisent à la réalisation du potentiel d'efficacité et d'épanouissement d'une personnalité de serviteur responsable de la communauté. Mais ce moi est surtout un obstacle sur le chemin de la transparence, donc sur la voie initiatique. Une modification de l'attitude générale, et par là même des gestes par lesquels le moi s'exprime et se comporte, est donc nécessaire pour éliminer la rigidité et le durcissement du moi existentiel. A propos du travail, il importe de savoir que la respiration, le maintien, la tension, ne sont pas seulement les champs d'expression du moi existentiel. Leur caractère est toujours marqué aussi par la relation entre le moi profane et l'Etre essentiel. Il renseigne donc sur le degré de transparence. Toute déformation de la respiration implique une contrainte de la transparence. Ainsi la tenue, la respiration, la tension peuvent-elles être exercées, très consciemment, dans le sens de la maturation intérieure. Cet aspect physique du travail intérieur est passé inaperçu juqu'ici, tout comme le fait que nous puissions utiliser chacune des activités dont nous possédons la technique dans le sens d'un progrès sur la voie intérieure. Pour s'en rendre compte, il faut comprendre à fond la double signification de chaque action.

Toute action a, du fait de son but, un sens extérieur : il concerne son résultat. Elle révèle ainsi ce dont l'exécutant est capable, son acquis, ce qu'il sait. Mais, par la façon dont elle est accomplie, par le *comment* de son exécution, chaque action réussit ou manque aussi son but intérieur. Il concerne ce qu'elle apporte à celui qui l'effectue et qui, à travers elle, manifeste ce qu'il *est*. La disposition dans laquelle *chaque* acte est réalisé permet de l'utiliser au progrès sur la voie vers le Soi véritable. Une certaine attitude, révélatrice de la décision de fidélité envers le Soi, est ici nécessaire. Les gestes parfaits, c'est-à-dire conformes à l'Etre essentiel, ont une force thérapeutique (VI).

La danse, la génuflexion, la marche processionnelle, qui sont des gestes liés au culte, ne sont pas les seuls en cause : tout mouvement contient une chance d'éprouver et d'attester, sur notre chemin vers elle, notre appartenance à la réalité de notre origine infinie et notre volonté de la servir. Ceci à condition, bien entendu, de rester, ou de s'efforcer de rester, consciemment ou inconsciemment, sous le « signe du numineux », c'est-à-dire en contact avec notre Etre essentiel. Cet effort nous maintient, par le corps que nous sommes, dans un certain « équilibre dynamique ». Il détermine involontairement l'allure de nos mouvements, maintient notre rythme propre, évite l'immobilisme et le blocage. Même dans les arrêts entre les mouvements, il marque une « respiration » et, en toute circonstance, il soutient notre progrès intérieur (VI).

Forme transparente

« L'esprit souffle où il veut » - mais comment devons-nous être pour sentir son souffle, l'accueillir et lui obéir ? Peut-être est-il possible d'entendre par hasard, dans n'importe quelle disposition d'esprit, la voix de la transcendance. Mais nous ne pouvons rester ouverts, de façon durable, à ce qu'elle requiert et promet que si nous sommes dans une certaine « forme ». Sans doute la transcendance peut-elle nous toucher dans le sommeil ou la veille, dans l'excitation ou le calme, dans un état de détente ou de tension, mais nous ne pouvons correspondre à son exigence que si nous restons dans la « forme juste ». C'est une attitude qui est à la fois « forme transparente » et « transparence formée ». Il faut être accessible à la plénitude, l'ordre et l'unité de l'ETRE présent dans notre essence, transparent et réceptif, mais aussi capable de garder cet ETRE et de le donner. En l'homme, être conscient, la vie vient à la conscience d'elle-même dans une perpétuelle transformation, une respiration incessante, l'éternel « meurs et deviens » d'une forme et la constante révolution du Yin et du Yang.

Une structure en accord avec l'ETRE ne peut jamais être la réalisation d'une image en une forme définitive et parfaite. Seule une certaine mouvance de la forme peut correspondre à la vie, vécue dans l'éveil à l'Etre essentiel vivant.

La « forme » qui, sur la voie, nous est destinée ne peut être qu'une disposition de tout l'homme permettant un mouvement sans fin de métamorphose. Le but est donc une *formule* de transformation, devenue une seconde nature, qui détermine toute l'attitude de l'homme intégral. L'homme intégral, cela implique aussi en particulier l'homme dans son *corps*.

L'art de percevoir le corps, de le reconnaître et de le cultiver comme un instrument de progrès sur la voie intérieure, à travers lequel l'Etre essentiel se manifeste toujours davantage, suppose de tout autres conditions que la perception du corps, moyen de subsister dans le monde. Dans le corps, entendu comme medium de l'Etre essentiel, l'homme n'est pas nécessairement diminué par l'âge. Il peut, même en mourant, simplement par sa manière d'être « là » par son corps, devenir totalement transparent et remplir, justement dans la mort, la vocation de l'homme : témoigner du divin dans le monde.

Le corps que l'on est

Notre conception traditionnelle du corps souffre de la représentation dualiste d'un corps sans âme en face d'une âme sans corps à laquelle il est inexplicablement lié. Au regard de l'*homme* tel que nous le rencontrons, tel que nous le fréquentons tous les jours, que nous l'aimons ou le craignons, cette séparation est insoutenable. Qui a jamais vu marcher une âme sans corps ou un corps sans âme ? Un cadavre est-il encore un homme ?

Si nous demandons à un interlocuteur qui, de l'âme ou du corps (la conception traditionnelle n'envisage pas d'autre entité), il entend en fait, la réponse sera peut-être : « La voix que j'entends est quelque chose de physique, mais ce que j'entends vient de l'âme et de l'esprit. » Semblable réponse est une absurdité ; elle laisse clairement paraître que le donné immédiat échappe à la vue. La réponse à la question : « Qui entendez-vous ? » est tout simplement : « Je vous entends. » On m'entend, moi, ce quelqu'un déterminé qui se trouve au-delà de l'opposition du corps et de l'âme. Si les sciences humaines apprenaient à prendre en considération ce quelqu'un autant que nous le faisons dans les contacts quotidiens avec nos semblables, un nouveau chapitre commencerait, non seulement pour la connaissance, mais aussi pour l'éducation, le traitement thérapeutique et la direction spirituelle de l'homme. Nous sommes aujourd'hui sur le point d'entamer ce nouveau chapitre. Nous commençons à traiter sérieusement ce quelqu'un, c'est-à-dire à le considérer comme une personne, physiquement rencontrée, qui est au-delà des contraires corps et âme ou corps et esprit. Ceci représente aussi un tournant dans la conception du corps.

Il est curieux de voir le corps jouer en Extrême-Orient, où l'on considère l'incarnation comme un mal fondamental, un rôle déterminant comme instrument de transparence transcendantale, alors que l'Occident chrétien, centré sur l'incarnation de l'Esprit, voit dans le corps un adversaire, un obstacle et un perturbateur sur la voie du salut. Le corps a pour l'Occident, en mettant les choses au mieux, une importance profane et pragmatique. Il semble donc éloigné de toute réalité spirituelle. Comment s'étonner, alors, que les exercices corporels de l'ancien Orient introduits en Occident, le Hatha Yoga par exemple, soient enseignés et pratiqués surtout comme une sorte de gymnastique. Ainsi exercés à faux, ils sont détournés de leur vrai sens, c'est-à-dire de leur sens initiatique de « lier au joug de l'Absolu ».

Le corps s'entend chez nous dans le seul sens d'instrument fait pour subsister dans le monde, y faire son chemin et y réaliser un travail. C'est ainsi qu'il est « exercé », c'est-à-dire entraîné et traité comme une machine qui doit être tenue en bon état, solide, souple et « bien huilée », afin de fonctionner avec efficacité et sans accroc. En fait, un tel « traitement » concerne seulement le corps que l'on « a ». Quelque chose de tout à fait différent se produit quand, au lieu d'exercer le corps en vue de son fonctionnement et de son rendement, on essaye de le mettre au service de la transformation intérieure. Il ne s'agit plus là, bien sûr, du corps que l'on a, mais du corps que l'on est. Ceci constitue déjà une différence décisive dans toute thérapie qui s'adresse à la personne et non pas simplement au corps. Elle n'est pas moins importante lorsque la marche sur la voie intérieure est en cause. En effet, de même que la santé physique est insuffisante pour assurer un comportement correct dans le monde de l'homme naturel, l'usage des « bonnes manières » ne suffit pas au témoignage corporel de l'Absolu dans l'espace du contingent. La transparence qui, sous le signe de l'absolu, est exigée de la forme corporelle est plus que cela, elle est aussi autre chose qu'une forme de comportement adaptée à une communauté ou à un travail.

Que faut-il entendre par le corps que l'on est ? Il faut entendre par là l'homme, l'homme tout entier en tant que personne, non seulement dans la façon dont il vit mais tel qu'il se présente, tel que son corps le représente. On ne peut percevoir le corps simplement, dans un recul objectif, comme le corps que l'on *a*, dont on prend conscience comme d'une chose ou comme d'un instrument dont on se sert pour effectuer un travail pragmatique et même mesurable. On peut et on doit bien plutôt intérioriser la conscience de ce corps comme du corps que l'on *est*. C'est le corps dont on peut saisir la forme tangible, lui dans lequel je suis *ici* comme personne dans le monde, par lequel je suis perçu par les autres et par lequel je les perçois.

Ainsi compris le corps est la totalité de particularités et de gestes par lesquels l'homme lui-même, en tant que personne consciente d'elle-même, vivant dans le monde et y agissant, s'exprime, sent, se présente, existe ou disparaît dans l'espace et le temps, se réalise en un Soi véritable ou échoue dans cette réalisation.

Nous ne sommes pas là seulement « intérieurement », mais physiquement, par la manière où, comme personne, nous sommes visibles et tangibles dans le monde, où nous nous trouvons, ou non, sur la vraie voie, où nous maîtrisons, ou non, une situation, où nous sommes forts ou faibles, en équilibre ou labiles, en contact ou sur la défensive, ouverts ou fermés à la vie, adaptés ou opposants, lumineux ou obscurs, amis ou ennemis, où nous « rayonnons » ou non. Et où, dans toutes ces situations, nous sommes ou ne sommes pas en harmonie avec notre Etre essentiel. Quelle que soit l'exigence intérieure ou extérieure du moment, c'est dans le corps que nous reconnaissons si nous sommes « là » d'une façon juste ou fausse, Elle est juste si le corps laisse transparaître son Etre essentiel, c'est-à-dire la modalité selon laquelle la Vie voudrait prendre forme et se manifester à travers notre forme individuelle, ici et maintenant, au moment présent. Elle est fausse dans la mesure où, en tant que corps, nous empêchons le devenir et la manifestation de la forme en accord avec l'ETRE, ici et maintenant.

Pour celui qui a une fois pris conscience de la transformation, conforme à l'ETRE, possible et exigée à travers le corps lui aussi, une nouvelle vie commence car, dans toutes les situations de l'existence, cette transformation sera sa tâche constante (V, IX, XVI).

Le corps que l'on est reflète, avec toutes leurs contradictions, l'origine céleste et l'origine terrestre de l'homme. Il y a donc une façon d'être présent physiquement qui, par la plénitude de sa chaude aura, l'éclat de sa forme transparente à l'Etre essentiel, témoigne dans une heureuse mesure de l'origine céleste de l'homme. Et il y a une autre manière, caractérisée par une alternance de crispation et de relâchement, qui reflète le moi déterminé par sa volonté égoïste et son origine terrestre. Mais il faut avoir fait de l'origine céleste la loi de sa vie pour ne pas chercher à expliquer et à excuser par de simples circonstances défavorables ce jeu alterné de crispation égocentrique et de laisser-aller sans retenue. Il sera alors ressenti, au contraire, comme un manquement à l'égard de la destinée que notre Etre essentiel nous promet et nous impose.

LES TROIS CONSCIENCES DU CORPS

On ne peut progresser sur la voie intérieure au moyen du corps que si l'on parvient à entendre et à suivre la voix de sa troisième conscience. La première conscience du corps s'applique à « la conservation », c'est-à-dire à la santé et à un fonctionnement physique satisfaisant. La seconde s'oriente vers la beauté, la mesure, la perfection de notre forme en tout geste et toute action dans le monde. Mais la troisième conscience concerne la grande transcendance qui nous habite. En ce sens, un homme peut être dans une « forme olympique », en parfaite santé, capable de performances presque surhumaines et en possession de toute sa force physique, beau par-dessus le marché, et pourtant très éloigné de toute transparence. Et un malade à la dernière extrémité peut être, en son corps, dans la plus grande harmonie, transparent à l'autre VIE qui vient vers lui dans la mort pour le transformer.

Nous pouvons offenser la transparence par quelque chose qui ne nuit ni à notre santé, ni à notre « ligne ». Par un « un-peu-trop » de nourriture à un repas, par exemple, ou bien - ce qui freine la progression plus qu'on ne le croit en général, surtout chez les jeunes gens - par la masturbation. Elle efface l'éclat, c'est-à-dire l'expression d'une existence conforme à l'Etre essentiel. Les thérapeutes qui y encouragent leurs patients comme à quelque chose de naturel, proscrit par de vieux tabous dépassés, ne savent rien de cet éclat et du Soi qui transparaît par lui. Dans quelle mesure la masturbation nuit à la santé est une question. Qu'elle soit contraire à l'Etre essentiel est hors de question. Le sentiment de culpabilité qu'elle entraîne peut être dominé sur le plan moral. Quand il exprime la voix de l'Etre essentiel, ce n'est pas possible.

La transparence à la transcendance, but de l'exercice, recherche la « force bienfaisante des gestes purs » où l'homme ne dénature pas l'expression individuelle de l'ETRE dans sa plénitude, son ordre et son unité. Par la transparence juste, l'homme reflète, dans sa simple manière d'être là, la triple unité de l'ETRE.

Travailler à la transparence de l'homme en tant que corps suppose la connaissance des obstacles qui empêchent cette transparence du corps mais aussi des moyens de les éliminer. La gymnastique ordinaire n'a rien à voir ici. Les exercices physiques se sont entièrement concentrées jusqu'à présent sur l'image d'un « corps sain ». Quand s'y ajoute un souci de grâce et de beauté, c'est en général dans un but uniquement profane. Celui-ci peut cependant ouvrir la porte à l'intuition des virtualités initiatiques.

Chez l'homme entièrement axé sur le rendement et sur l'impression qu'il fait dans le monde, il s'agit d'abord d'éveiller le sens de la transparence au divin présent en notre Etre essentiel (des attitudes solennelles n'y suffisent certainement pas) et des conditions physiques qui permettent cette transparence.

L'enracinement du corps dans le juste milieu est une condition décisive. De lui dépendent la respiration et le tonus juste (IV).

La relation de l'homme avec le haut et le bas, avec le monde et avec lui-même

L'apparence de l'homme dans le corps qu'il « est » exprime trois choses :

1. Un certain rapport avec le « haut » et le « bas » : il ne peut pas voler mais il n'est pas non plus obligé de ramper. Il n'est ni oiseau ni ver de terre. Il se meut debout comme un être humain, c'est-à-dire sur la terre et levé vers le ciel.

2. Un rapport déterminé avec le monde : l'homme est avec celui-ci en relation de polarité. D'une part il est lui-même, d'autre part il est lié au monde et en état d'échange vivant avec lui.

3. Un rapport précis avec lui-même : en chacune des formes qu'il devient, il est dans une relation particulière avec la vie qui tend, en lui, à se manifester et s'épanouir dans son unité.

Son Etre essentiel aspire toujours à l'actualisation d'une forme qui puisse le révéler dans le monde. Si cela est possible, c'est que l'homme est établi en son centre. Cet « être-en-son-centre » n'est jamais purement intérieur, il concerne aussi l'existence dans le monde, c'est-à-dire dans le corps. La forme, en d'autres termes la façon dont un être humain est présent, est « juste » quand il est transparent à son essence et à l'ETRE qui l'habite. Or, un rapport très précis de l'homme avec le haut et le bas, avec le monde et lui-même, est le gage de cette transparence. Cet « être ainsi », chaque fois conditionné également par les circonstances extérieures et intérieures, correspond à son image innée de la relation juste mais ne lui est jamais tout à fait identique. L'homme n'est donc jamais qu'en chemin vers la forme parfaite, centrée dans le juste milieu, qui est son but.

1. La relation juste avec le haut et le bas se reconnaît avant tout au « maintien » du sujet, c'est-à-dire la façon dont il représente la verticale qui le distingue de l'animal. N'est-elle pas le symbole de son origine divine ? S'il se tient « droit » de la façon exacte, il unit par son maintien le ciel et la terre. Son rattachement au bas ne menace pas son redressement vers le haut et celui-ci n'est pas la négation de son lien à la terre, il est un contact en profondeur qui, à la manière des racines d'un arbre, ne s'oppose pas à sa croissance verticale mais y contribue en l'assurant. Son aspiration vers le haut n'a pas le caractère d'un arrachement à la terre mais celui d'un mouvement ascendant produit par de puissantes racines nourricières. L'attitude « juste » correspondant à la relation du haut et du bas est l'expression harmonieuse de l'homme qui, tout en tendant vers le ciel, trouve sa fondation dans la terre qui le nourrit et le porte.

2. Le sujet dont la forme vivante est en conformité avec le monde et les hommes, avec les choses et la nature, se trouve vis-à-vis d'eux aussi bien fermé qu'ouvert, délimité par des contours nets et pourtant dans un état de contact transparent. Distinct du monde tout en lui restant lié, il est à son égard « réservé » et réceptif. Comme celle de toute forme vivante juste, sa respiration aspire régulièrement le monde et s'y expire paisiblement.

3. Lorsque la forme vivante exprime un rapport juste de l'homme avec soi-même, il apparaît calme et retenu. Il conserve sa forme propre et il est en même temps animé par la dynamique vivante d'un juste équilibre à la fois « tendu » et « relaxé ».

Ainsi apparaît la forme juste dans son triple aspect de maintien, de respiration et de tension.

Si l'on considère ces trois manifestations de la relation adéquate avec le ciel et la terre, le monde et soi-même, on conçoit aisément de quelle manière et dans quelle mesure l'homme qui n'a pas trouvé - ou qui a perdu - son centre transgresse la loi intérieure immanente d'une forme coïncidant avec son Etre essentiel. Tout manquement à cette loi fondamentale traduit un déséquilibre entre les deux pôles, une prépondérance du « ciel » sur la « terre » ou de la terre sur le ciel, du moi sur le monde ou de la vie sur la forme qui doit la manifester.

1. Nous voyons l'homme manquer la relation juste entre le ciel et la terre qui appartient à sa condition humaine lorsque, debout, assis, marchant, il tend avec excès vers le haut ou se tasse sur lui-même au point de ne pas pouvoir se redresser. Au lieu de prendre un point d'appui organique sur la terre, il tombe dans une sorte d'inertie, d'accablement. L'enracinement apparaît comme une pesanteur écrasante. Il ne trouve pas sur le sol une base, il s'y embourbe. Cette sorte de gens ne marchent pas, ils se traînent ; ils ne s'asseoient pas, ils s'effondrent ; ils ne se tiennent pas debout, ils arrivent tout juste à ne pas tomber.

Si la tendance ascendante s'exagère, le sujet semble « tiré vers le haut » et refuser toute attache à la terre. Debout ou assis, il s'étire et, s'il marche, il ne prend pas pied mais se dandine, trottine, danse. Il nie sa pesanteur naturelle. Il ne se redresse pas organiquement : les épaules levées, il est « distendu » en hauteur. Crispé, rengorgé, il a l'air de se perdre dans les nues.

Dans l'un comme dans l'autre cas il manque le centre de gravité juste qui relie le haut et le bas. Quand il est présent, par contre, les forces qui tendent vers le ciel et celles qui affirment la terre se fondent dans l'harmonie de l'ensemble. Ce qui est en haut est porté vers le bas. Le bas tend naturellement vers le haut. La forme croît du sol verticalement comme un arbre dont la couronne repose sur un tronc largement et profondément enracinés. Ainsi, un maintien juste exprime l'adhésion de l'homme à la totalité de ses deux pôles, tendus entre le ciel et la terre. Il ne colle pas à celle-ci mais il lui fait confiance. Il aspire au ciel sans oublier la terre.

2. Lorsque la relation du sujet avec le monde extérieur n'est pas ce qu'elle doit être, son comportement est soit le refus devant le monde qui vient à lui, soit un abandon sans retenue. Dans le premier cas, il paraît renfermé, plus encore, littéralement barricadé dans une forme figée et sans âme, aux contours non pas solides mais durcis. Son attitude d'inertie et d'isolement n'exprime pas un recul libre et naturel, c'est une crispation de rejet. La pulsation vivante de la respiration ne paraît plus l'animer. Retirer en sa forme figée il n'est plus capable d'un échange dynamique du moi au toi. Sa respiration perd le rythme vital d'activité et de repos, de don et de retenue, de prise et de lâcher prise. Les gestes d'élan et d'ouverture ne lui sont plus possibles.

L'image opposée est celle d'un être qui ne « se tient » pas. Ses gestes révèlent un laisser-aller sans frein qui le livre au monde au risque d'être absorbé par lui. Rien n'assure la cohésion de sa forme. Faute de résistance il paraît prêt à se dissoudre dans son entourage. Il se meut comme s'il n'était soutenu par aucune ossature. Souvent les gens de cette espèce manquent de tact et de sens des distances.

Ici encore manque le centre de gravité exact qui assure l'indépendance aussi bien que le lien approprié à l'égard de soi-même et du monde. La relation juste, proprement humaine, ne se réalise que par une tension équilibrée et créatrice entre les deux pôles. L'homme et le monde doivent être à la fois autonomes et unis. Ils doivent pouvoir se séparer afin de se retrouver et de s'enrichir l'un de l'autre dans cette réunion. Le rapport juste, la bonne attitude de l'homme envers le monde est celle où ses gestes sont assez contenus pour que son attirance, son lien et son ouverture n'impliquent pas un abandon. L'homme se trouve donc « centré » lorsque sa disposition intérieure lui permet, sans la moindre gêne, la constante alternance aspiration-expiration où il se donne sans se perdre, reste dans le monde et n'est pas absorbé par lui, se reprend sans séparation et garde son quant à soi sans se durcir.

3. Il n'existe pas de relation juste de l'homme à soi-même lorsque, dans le jeu alterné de la vie intérieure et de la forme réalisée, un déséquilibre se fait jour, soit par une exubérance de cette vie intime tendant à s'extérioriser, soit par une forme trop défendue et trop rigide par rapport à la vie intérieure.

Certaines gens donnent l'impression que leur vie émotionnelle et sentimentale se répand et déborde avec une telle profusion que, faute d'ordre et de direction, elle menace toute forme. Leurs gestes sont sans rythme, incoordonnés, excessifs.

A l'autre extrême, c'est la fluidité des mouvements qui fait défaut. Les gestes expressifs sont inhibés et hésitants. Au repos le corps reste contracté. On ne sent pas le centre qui meut et anime l'ensemble, maintient organiquement sa cohésion et irradie la vie autour de lui. Un assemblage arbitraire, momentané, semble risquer constamment ici d'éclater ou de se disloquer car, d'un instant à l'autre, la dissolution peut prendre la place de la crampe.

Résumons : la vie intérieure est parfois trop forte pour la coquille qui la contient, ou bien, au contraire, celle-ci étouffe la vie profonde. Le terme « vie intérieure » peut désigner deux choses : d'une part l'énergie naturelle des forces élémentaires, d'autre part la vie non vécue, refoulée dans l'inconscient, l'ombre. La coquille fait alors l'effet d'une cuirasse dans laquelle elle étouffe. Dans l'un comme dans l'autre cas, manque le noyau qui est à la fois centre et épanouissement et où s'abolissent les oppositions entre la vie et la forme du devenu. Avec la présence de ce centre apparaît l'expression d'une vie intérieure spontanée, toujours harmonieusement vivante. Forme et vie ne sont pas ici adversaires mais alliées. La forme n'est ni artificielle ni relâchée, ni dissoute ni rigide. Vivante, elle se maintient à la fois constante et en continuelle transformation. D'instant en instant la vie intérieure actualise la forme qui lui correspond et, réciproquement, la vie qui l'anime régénère la forme en une perpétuelle métamorphose. A chaque moment sa manifestation exprime la vie créatrice donnant au devenu une forme nouvelle. Le corps entier, dans chacun de ses éléments, est harmonieusement animé par un centre inaltérable et mû par une force vivante. L'ensemble est une forme fluide, une fluidité formée.

De même que l'absence d'un centre juste implique une perturbation de tout l'organisme, sa présence ne manifeste pas autre chose qu'une attitude dans laquelle l'ensemble de la personne se maintient dans un rapport de tension vivante entre les deux pôles. Faute de centre juste, l'homme passe d'un extrême à l'autre : s'il est « crispé vers le haut », il finit tôt ou tard par s'effondrer et, s'il a habituellement une attitude d'affaissement, il tentera un jour de s'élever avec excès. En face du monde, l'homme mal intégré à son centre oscille entre une attitude distante de rejet et un don de soi sans retenue. Enfin, une relation faussée à soi-même le fait balancer entre la dissolution et la crampe.

La forme corporelle exprime une disposition générale de la personne. Le centre de gravité détermine donc, même si l'on parvient à le localiser à un endroit précis du corps, une attitude d'ensemble manifestée par l'âme *et* le corps. Ce centre, qui se traduit dans le comportement physique aussi bien que psycho-spirituel, est aussi l'expression d'un troisième facteur. Quel est-il ? L'homme *intégral* justement, la « personne en devenir », dont la disposition conforme à la fois à l'Etre essentiel et au monde implique aussi une transformation qui ne finira jamais.

Sur le plan initiatique, la notion d'homme intégral s'entend d'autre manière que sur le plan naturel. Son rapport avec le haut et le bas, avec l'univers et lui-même, concrétisé par une existence et une façon de servir dans le monde justes, est perçu différemment par l'homme naturel et par l'homme initiatique. En effet, la vie entière de ce dernier est déterminée par son engagement à l'égard de la transcendance immanente et, au milieu de son existence finie, il témoigne de son origine infinie.

Le rapport du ciel à la terre apparaît dans la position verticale accordée au seul être humain. Elle atteste symboliquement la relation de l'esprit et de la matière, mais sa signification est différente aux yeux de l'homme naturel et à ceux de l'homme initiatique. Le premier voit dans « le haut » et ce qui tend vers lui la victoire de l'esprit rationnel, alerte, orienté vers le sens des valeurs et maîtrisant le domaine « obscur » des instincts. Dans l'optique de l'homme initiatique, la verticale représente la force de l'esprit venant animer la terre. Manifestation de l'Etre surnaturel, cette force rayonne à travers le corps par une légèreté, une pulsation, une radiance, alors que le corps de l'homme naturel ne surmonte jamais tout à fait une certaine pesanteur, une épaisseur, un manque de rayonnement, même si, dans le domaine de son existence, cet homme fait preuve de capacités « intellectuelles », même s'il est heureux et épanoui. L'homme initiatique ou, plus exactement, dans la mesure où il y est engagé, l'homme présent à la voie initiatique possède un fluide, une « aura ». Il transmet la présence d'un tiers mystérieux. Tout ceci n'est pas donné à une personnalité, même accomplie au sens profane du terme. Cependant, il n'est accordé à personne, fût-ce à celui qui vit avant tout par la voie initiatique, de se maintenir constamment en cette présence. Lorsqu'il la quitte, il perd aussitôt le rayonnement qui annonçait la présence d'une plus haute instance, du transcendant, du ciel.

Le contact juste avec le monde, avec son entourage, avec les choses, n'a pas le même sens pour l'homme naturel et pour l'homme initiatique. Le premier voit dans ce contact la condition de sa sécurité, dans une existence qui ait un sens et où lui soit assuré le refuge de la communauté, ce qui correspond aux trois aspirations du moi existentiel. Pour l'homme initiatique le sens et la finalité de ce contact sont la fusion avec son

Etre essentiel. Par lui, il éprouve la VIE indestructible, son *sens* et sa *protection* qui ne dépendent en rien de la sécurité, de la justice et de la communauté au sens de ce monde.

Du point de vue de l'homme naturel, la relation à soi-même concerne le rapport du moi conscient de lui-même avec le monde et avec « l'inconscient personnel » qui dépend du tempérament et des antécédents du sujet. Pour l'homme initiatique, le thème décisif est, au contraire, la relation du moi conscient avec « l'inconscient collectif » nourri du fonds des archétypes. C'est aussi le rapport du moi conditionné par le monde et le « corps du destin », qui a grandi dans les circonstances de ce monde, avec l'Etre essentiel tendant vers sa forme à travers toutes les contingences du monde.

MATURITÉ ET IMMATURITÉ CORPORELLES

Lorsque l'ETRE se manifeste dans notre existence c'est toujours par l'action de sa triple unité. Dans son sens pragmatique le corps la reflète aussi : il représente la plénitude par sa force physique, dans ses gestes ou au repos, la loi par une « image » plus ou moins parfaite de sa mesure et de son harmonie, l'unité enfin par son ouverture au contact physique. L'éducation pratique du corps se trouve donc aussi sous le signe de la triple unité de l'ETRE. Le corps, instrument de la transcendance, permet à l'homme orienté vers le pôle initiatique d'éprouver cette triple unité de l'ETRE comme le souffle numineux de la mystérieuse plénitude de la VIE, même s'il est la proie de la faiblesse physique et de l'isolement. Il sent l'ordre de l'ETRE comme un bien-être lumineux, même dans la maladie, comme une impression d'harmonie au milieu des discordances du monde. Et l'unité de l'ETRE est pour lui le sentiment, chargé de qualité numineuse, d'appartenance à un corps cosmique, présent en lui et autour de lui, dans lequel, au-delà de lui-même, il est comme la vague dans la mer. Dans la mesure de notre transparence, nous nous sentons, dans le corps que nous sommes, physiquement participant à un Tout qui nous anime et nous englobe et que notre vocation est de vivre selon notre mode individuel.

Acquérir la transparence du corps, que l'on est comme personne, exige une longue maturation. La « maturité du corps », au sens initiatique, est distincte de la maturité biologique. Le fruit potentiel de cette dernière est l'enfant. Le fruit de la maturité au sens initiatique est une renaissance par l'Etre essentiel. Elle présuppose la grande transparence.

L'homme parvenu à la maturité est dans une « forme sereine ». Ayant abandonné son moi, il est centré dans son Etre essentiel. Toute son attitude est d'indépendance à l'égard de la bienveillance du monde extérieur et de la considération d'autrui. Il se repose sur lui-même, au sens corporel aussi, et sa façon d'être *là* exprime la liberté intérieure. La conscience de soi de l'homme ayant atteint la maturité ne résulte pas d'une position assurée dans le monde, mais de son enracinement dans le surnaturel. Le signe le plus évident de l'immaturité physique est la crispation qui se change en relâchement. L'homme en possession de sa maturité n'est ni tendu ni relâché mais tranquille et assuré d'âme et de corps. Il conserve une forme dont la fermeté n'est pas le refus de s'ouvrir et dont l'ouverture ne devient jamais un abandon. Celui qui se trouve réellement sur la voie décèle aussitôt en lui-même la moindre crispation et le moindre relâchement, non seulement parce qu'ils lui sont physiquement pénibles et diminuent son bien-être - ou nuisent à son efficacité -, mais parce qu'il voit en eux le signe d'une détérioration de ce qu'il est et tient à rester. Il sent se bloquer le contact avec son Etre essentiel. Et tout relâchement ne lui paraîtra pas moins faux qu'une tension excessive, et cela, non du fait d'un malaise ou d'une gêne dans son travail professionnel, mais parce que la forme en harmonie avec l'Etre essentiel en souffre. Le signe visible d'un exercice spirituel réussi est de se sentir « ensuite » davantage soi-même, physiquement aussi, c'est-à-dire plus fort, mieux « en forme » et « en contact », quelles que soient les circonstances extérieures. Un exercice qui ne donnerait pas ce résultat n'aurait pas la force de transformer l'homme tout entier (VI).

Hara

Le corps, comme moyen d'expression de la promesse, nous parle à travers la *tenue* (déterminée par le centre de gravité), la *respiration* et le rapport de *tension* et de *détente*. Ces trois éléments, entendus au sens de la personne, n'ont pas une signification physique. Ils sont les moyens d'expression d'une existence et d'une évolution potentielles justes - c'est-à-dire conformes à l'Etre essentiel - de la personne, ou de ce qui leur fait obstacle.

Lorsque l'on envisage le corps comme l'unité des gestes par lesquels l'homme est présent au monde et, en même temps, comme l'instrument d'une réalisation de la personne - possible seulement à partir de ses racines de transcendance -, ses perturbations ne dénotent jamais des troubles uniquement physiques. Elles reflètent un désordre contraire à son Etre essentiel et des attitudes fausses de l'homme tout entier. L'éducation du corps qui fait déjà partie de la voie initiatique comme de la thérapie de la personne, diffère d'un traitement physique médical.

Dans les *formes corporelles défectueuses,* en particulier le relâchement et la crispation, apparaissent les *mauvaises attitudes de la personne.* La raideur, par exemple, trahit soit un personnage bouffi de vanité et d'ambition, soit une méfiance ou une angoisse qui cherchent à se rassurer. Un laisser-aller soudain ne révèle pas seulement l'épuisement physique, il traduit aussi le découragement et une confiance en soi déficiente.

Prenons comme exemple le raidissement des muscles des épaules. On n'en saisira jamais la signification si l'on y voit une simple tension physique qui peut se traiter par des massages, des exercices de détente purement techniques ou une piqûre calmante. Il est dû en réalité, tout à fait ou en partie, à une attitude intérieure fausse. Un même phénomène, vu sous l'angle de la personne, prend donc un autre sens. Les épaules levées trahisse la prédominance du petit moi anxieux de sécurité et, par là même, la méfiance envers le monde et la vie, causée par un manque d'assurance.

Il s'avère, finalement, que toutes les attitudes fausses et les troubles corporels qui en résultent sont le signe d'un moi qui rejette l'homme hors du Tout de la Vie et qui le prive, en particulier, des racines de son Etre essentiel.

L'homme enfermé dans son moi éprouve une méfiance irrésistible à l'égard de l'instant qui vient. Constamment en état de souci et d'alarme, il ne peut rien laisser advenir avec calme. Il lui semble, inconsciemment, qu'il sera obligé de *faire* encore une fois, à un moment donné (un examen par exemple), ce dont pourtant il est déjà capable et qui serait à sa disposition sans problème s'il laissait les choses aller simplement d'elles-mêmes. Faute de confiance en lui-même il n'y parvient pas et il échoue au moment décisif parce que, de nouveau, il « fait » quelque chose.

La thérapie de la personne, qui s'adresse à ces attitudes erronées, passe par une prise de conscience et une expérience de la disposition qui exprime et produit la sécurité et la confiance. Au lieu de redresser le buste avec rigidité, il faut s'enraciner vers le bas, dans la *région du bassin,* qu'on ne doit pas considérer, ici, du dehors, comme une partie du corps, mais comme l'instrument de réalisation de la manière d'être « là » dans le monde, en tant qu'homme total, cette manière pouvant être juste ou fausse, ouverture ou étranglement. Ainsi comprise, cette région est un centre dont l'éducation appropriée permet finalement, grâce au lien avec une force plus vaste qu'elle représente et que l'on peut ressentir, d'acquérir une tranquille assurance. Au-delà de son utilité pragmatique, elle remplit donc aussi une fonction sur le plan initiatique.

De même que l'homme ne peut être compris, comme personne, que par rapport à sa destinée transcendante, la façon *personnelle* de considérer et d'exercer le corps que l'on est consiste à le traiter en instrument de la maturation générale vers la transparence à la transcendance. L'homme n'est présent, d'une façon juste, que s'il est là, par son corps aussi, en conformité avec son Etre essentiel et orienté vers celui-ci, c'est-à-dire ouvert à la manifestation physique de son essence.

Exercer le corps dans le sens de la transparence implique l'élimination de tout ce qui lui barre la route et l'épanouissement de ce qui la rend possible. Toutes les manifestations de défense des positions et de la sécurité du moi font obstacle au témoignage du Soi. La raideur, ou le laisser-aller son contraire, en sont des indices. Ils sont aussi éloignés l'un que l'autre de la façon juste d'être là physiquement. Toute affectation, toute façade dissimulant la vraie personnalité, une tonalité fausse dans la voix, un flottement du regard, l'artifice ou la mollesse de l'attitude, par exemple, peuvent être, et sont, les symptômes d'un manque d'enracinement dans l'ETRE, donc d'un mauvais état de la personne. Il faut les amener à la conscience et entreprendre leur élimination par l'*exercitium ad integrum.*

Une bonne attitude est toujours déterminée par le « centre de gravité juste ». Le déplacement vers le haut de ce centre fait partie des mauvaises postures invétérées de beaucoup de gens, incarnées par la « poitrine en avant-ventre rentré ». Les attitudes fausses expriment l'identification au petit moi, donc l'attachement prédominant à une position de sécurité. Quand elles sont fortement implantées, elles bloquent les forces profondes libérantes et régénératrices qui soutiennent l'homme. L'autre forme défectueuse, qui intervient souvent en alternance avec la précédente, est le laisser-aller, l'affaissement. Il dénature une certaine image intérieure de l'homme vertical, celle qui se rattache à une forme précise et ferme. Quand il ne s'agit pas simplement d'un épuisement physique, cet abandon traduit le manque de compréhension et de sens de responsabilité envers la forme, sans laquelle l'ETRE ne peut se manifester. On ne se trouve sur le chemin de la forme juste qu'après avoir appris à reconnaître correctement le centre corporel, l'abdomen. Naturellement, un Occidental est d'abord surpris et choqué d'apprendre que le premier et le plus important centre que doit développer et conserver un corps qui s'ordonne à la transcendance est le ventre, ou plus exactement le bas-ventre et le bassin.

Depuis longtemps on connaît en Orient, au Japon surtout, l'importance de l'abdomen. Remarquons qu'elle est également soulignée dans les images de l'homme à l'époque romane et au début du gothique, même celles du Christ, en particulier dans les représentations du Christ en majesté. L'exercice qui mène vers la maturation, c'est-à-dire vers l'intégration à la transcendance, insiste beaucoup sur cet aspect. Nous le trouvons au Japon dans l'enseignement et la pratique du « *hara* ».

Au sens propre du terme, « hara » signifie « ventre ». Dans un sens élargi, ce mot désigne la disposition d'ensemble de l'homme toujours plus libéré de l'emprise du petit moi, détaché et serein, enraciné dans une réalité qui le rend apte à percevoir la vie venue d'ailleurs, à maîtriser l'univers et à servir sans relâche ce qui est sa mission dans le monde. Il peut sans crainte combattre, mourir, créer, aimer.

Quand l'homme parvient à s'établir et à s'ancrer dans le « hara », il le ressent comme un espace lié aux puissances de vie qui lui permettent de discerner, d'accueillir et de refondre les formes figées du moi afin d'opérer leur transmutation en formes nouvelles. Grâce à cette force de transformation et de régénération, son approche du monde devient autre. Rien ne le bouleverse, rien ne menace son équilibre vibrant. La tête froide, le corps détendu en un tonus élastique, l'homme s'ouvre et se ferme, se donne et se retrouve en son centre au rythme de sa respiration. Il reste calme au milieu des « orages de l'existence ». Dans le « hara », on repose à la source d'une transformation sans fin, au lieu où s'enracinent le Soi et le devenir personnel. Le *hara-no-hito,* « l'homme qui a un ventre », c'est l'homme parvenu à la maturité. Il a rempli la condition nécessaire à l'intégration du moi profane et de son essence. Seul l'homme qui est passé de l'espace du moi existentiel à celui du hara, son centre terrestre, et s'y est enraciné peut finalement parvenir à son noyau de personne.

La recherche et la pratique du hara, ce centre fondamental, à la fois détente et appui, qui nous maintient « droits », est l'exercice primordial de toute « existence dans le monde » juste, conforme à l'Etre essentiel. L'exercice fait du ventre, du bassin et de la région lombaire le lieu d'enracinement sûr du maintien juste. Il recherche le centre à la fois détendu et assuré grâce auquel la marche, l'assise, la tenue debout, témoignent d'une existence conforme à l'Etre essentiel. La vie quotidienne tout entière est réellement le champ d'entraînement à cette pratique car l'oubli du hara, aussi bien debout qu'assis ou en marchant, compromet notre présence de personne. Si la position est trop appuyée vers le haut, dans l'espace du moi, on reste fermé à l'Etre essentiel. Si l'on se laisse aller vers le bas, il ne peut, même si l'on demeure en contact avec lui, réussir à prendre forme.

Il n'existe aucune activité, parmi celles qui exigent de la volonté et une attention soutenue, qui ne mette en danger le maintien de notre centre terrestre, notre présence dans le hara. Chaque fois que nous sommes « tendus » vers un but et que l'attention de notre moi existentiel se fixe sur quelque chose, nous retombons facilement hors de notre centre. Tout « travail » et toute action orientés vers un but nous incitent, si nous ne sommes pas exercés au hara, à déplacer le centre de gravité vers le haut, c'est-à-dire à tout « faire » par l'action du moi. C'est pourquoi chacune de nos activités est l'occasion d'exercer une tenue juste. Chaque instant nous donne la chance de conserver et d'affermir la disposition qui nous rend présent par le Soi et nous libère de l'emprise de ce moi craintif devant la douleur, en quête de sécurité et de renommée. Dans la mesure où nous y parvenons tout travail nous devient facile. Nos capacités sont disponibles, notre activité réussit et dans les relations avec nos semblables nous restons calmes, libres et spontanés.

La définition la plus simple du hara serait celle-ci : hara est une disposition générale de l'homme physique qui élimine tout ce qui fait obstacle aussi bien à sa personnalité existentielle qu'à sa personne sur la voie initiatique. Car, pour l'une comme pour l'autre, c'est du petit moi que viennent ces obstacles. Le hara fait disparaître la tenace suprématie du petit moi. Alors, aux moments critiques, ce que nous avons et savons, ce dont nous sommes capables, est à notre disposition. Dans la maladie, par exemple, les forces de la nature qui travaillent à la guérison ne sont pas contraiées par l'angoisse du moi. Sur le chemin initiatique l'homme qui a réussi à réduire dans le hara les tendances opiniâtres du moi est libre de témoigner de l'ETRE, même dans son corps.

Lorsqu'on dit du hara qu'il est le « centre juste », il s'agit toujours du centre terrestre. Le noyau de l'homme est et reste le « cœur ». S'il est parvenu, grâce au hara, à ne plus se centrer dans le moi, il se découvre fils du ciel et de la terre, c'est-à-dire fruit d'une maturité qui s'accomplit dans l'unité avec la terre (Eros-Cosmos) et le ciel (Logos).

Un centre axé sur le moi existentiel attache l'homme au contingent. Il doit s'affranchir de l'hégémonie du moi pour ouvrir la porte à son Etre essentiel, c'est-à-dire à l'absolu. D'autre part, la maîtrise sereine du hara libère l'accès intérieur au flux de forces universelles auxquelles l'homme participe mais dont il se coupe le plus souvent. Les Japonais appellent « Ki », universelle, cette force située dans le hara. Nous y avons part mais, à la différence de la force de volonté, nous devons apprendre à l'accueillir et non à la « faire ». Lorsque nous réussissons à la recevoir, nous pouvons réaliser sans effort bien des actions dont, sans elle, nous serions incapables.

L'EXERCICE FONDAMENTAL

Une expérience très simple permet de voir si l'on se tient dans la position juste, dont le centre de gravité est le hara. Un coup brusque porté dans le dos fait immanquablement tomber en avant quelqu'un qui est debout, dans la position ordinaire, les jambes écartées. Mais s'il se tient dans son hara, il ressent une étonnante impression de solidité. Même une forte poussée ne peut le renverser. Cela vient de ce qu'il est, cette fois, dans son centre de gravité exact. On ne peut pas non plus soulever un homme fermement établi dans son hara.

La meilleure manière d'exercer le centre de gravité juste est la suivante : l'élève se place debout, bien ferme et bien droit, jambes légèrement écartées, les bras pendant en souplesse, le regard vers l'infini, dans la position « prévue » pour lui : vertical, libre, porteur de lumière. Il importe que, dans la mesure où il en est capable, l'élève parte toujours de cette position fondamentale naturelle où, tout en reposant solidement en lui-même, il reste relié au monde ; il importe aussi qu'il ne pense pas tout d'abord au ventre, à la région lombaire, etc. Ensuite, à partir de cette attitude d'ensemble présumée correcte, il observera en détail les différentes parties de son corps, non du dehors mais du dedans.

L'essentiel dans l'exercice du corps conforme à la voie est toujours l'intuition du « corps intérieur ». Il s'agit ici de développer et d'affiner un organe spécifique de perception cénesthésique. Pour ce faire, il est bon, au début, de fermer les yeux et, silencieusement, de se sentir intérieurement « sous la peau »... Puis, lentement, en procédant de haut en bas et de bas en haut, de déceler et de relaxer toutes les tensions. Ecouter avec une attention particulière la respiration - comment elle va et vient, va et vient. On commence ainsi à prendre lentement connaissance du corps intérieur.

Sans changer de position ni s'affaisser, on se laisse ensuite glisser légèrement vers le bas avec l'expiration. Instinctivement celle-ci s'allonge alors par rapport à l'inspiration. En prenant bien son temps on répète cet exercice. Vient ensuite le premier mouvement qui mène au maintien juste : *lâcher prise*. Au commencement de l'expiration il faut se détendre « dans » les épaules. Il ne s'agit pas de lâcher les épaules et encore moins de les tirer vers le bas, mais de se lâcher *soi-même* dans les épaules. Le second mouvement consiste ensuite à se « poser » dans le bassin à la fin de l'expiration. Relâcher le buste et s'établir dans le bassin sont deux aspects d'un même mouvement. L'un n'entraîne pourtant pas naturellement l'autre. Si l'on essaie, par exemple, de lever les épaules et de rentrer en même temps un peu le ventre puis de relâcher les épaules, on s'apercevra que cela ne modifie pas la position du ventre. Se poser dans le bassin est quelque chose de plus. Souvent l'élève est rapidement capable de relâcher plus ou moins le buste mais ne l'est pas du tout encore de se reposer avec confiance dans le bassin sans que les côtes s'affaissent. La peur d'un certain aspect « souterrain » apparaît ici avec la tenace habitude de s'assurer un appui en haut, dans l'espace du moi. Plus tard, la relaxation des épaules et l'appui dans le bassin doivent constituer naturellement un seul et même mouvement. Plus l'élève saisira vite ce dont il s'agit, plus il remarquera désormais que, sitôt son esprit fixé sur quelque chose, il recommence à rentrer le ventre et à raidir les épaules. Bien loin de se reposer avec confiance et de se laisser porter par le bassin, il cherche son support dans le buste. Ainsi observera-t-il à quel point il se bloque en haut, dans l'espace du moi. Ici intervient le troisième mouvement, si important pour l'aspect technique de la pratique du hara : la manière juste de laisser bomber le bas-ventre. Dans l'exercice cela doit se produire à la fin de l'expiration. Signalons ici un malentendu causé de nos jours, chez certaines personnes, par la respiration pratiquée dans le yoga. Là le ventre se gonfle à l'inspiration et rentre à l'expiration. Mais il faut distinguer : 1° entre la respiration naturelle et la pleine respiration voulue du yoga et 2° entre l'estomac et le bas-ventre. Bien entendu, l'estomac se creuse à l'expiration et avance un peu à l'inspiration. Du fait de l'extension du diaphragme, les côtes aussi si dilatent en inspirant et se rétractent à l'expiration (à condition que le diaphragme fonctionne bien). Mais - comme le savent bien les chanteurs qui n'ont pas acquis une mauvaise technique d'appui - avec l'expiration complète le bas-ventre avance un peu. Et dans ce mouvement, où la région lombaire se dilate en même temps que le bas-ventre, le hara acquiert sa forme « corporelle » adéquate, celle qui affermit le tronc entier. L'élève se sent devenir toujours davantage comme une pyramide portée par un socle large et solide, ou encore comme un arbre soutenu par un puissant système de racines qui à chaque respiration s'enfonce plus largement et plus profondément dans la terre, tandis que le tronc s'élève toujours plus vigoureux et plus libre. Naturellement, il ne suffit pas de bomber le ventre, donc de le pousser en avant. La position juste consiste à mettre *un peu* de force dans le bas-ventre, qui reste libre et détendu. L'important est de se sentir soi-même dans cette force des racines, de reposer largement dans le bas-ventre et dans la région lombaire en éprouvant une impression de force dans le tronc tout entier. Pour rendre plus sensible encore cette impression de force, le débutant appuie un poing sur le ventre, au-dessous du nombril, lentement et profondément. Puis, les épaules souples, le corps rigoureusement immobile, il repousse d'un coup sec, avec la seule musculature du ventre, le « poing intrus ». Si, gardant le bas-ventre dans cette forme, on peut tambouriner dessus sans causer de sensation désagréable, on se trouve debout dans une position ferme et personne ne peut vous renverser. Il s'agit maintenant de conserver le centre de gravité juste ainsi acquis. Mais cette position comporte encore un défaut : le creux de l'estomac aussi reste tendu. Il faut arriver à maintenir une légère tension du bas-ventre pendant que le creux de l'estomac redevient souple. Alors seulement on se sent, de la manière juste, à la fois détendu et fermement *là,* dans le centre de gravité exact,

« planté en terre » et libre de s'élever vers le haut. Le but du véritable lien à la terre devient aussitôt manifeste : il permet une croissance en hauteur conforme aux racines. Une relation juste à la terre s'avère être la condition d'une légitime aspiration vers le « ciel ». « Si tu trahis la terre, tu ne peux trouver le ciel. »

Les erreurs commises par le débutant exerçant le hara sont donc les suivantes : il ne se lâche pas *lui-même* dans les épaules, mais il tire celles-ci vers le bas. Il se contente de détendre les épaules sans reposer dans le bassin. Il ne laisse pas le bas-ventre se tendre en souplesse, il le pousse en avant. Il laisse la région de l'estomac tendue au lieu de la relâcher.

De la station *debout* dans le hara, on passe à la marche, également dans le hara. Si l'on y maintient le centre de gravité, la démarche reste naturellement gracieuse ; les jambes, mues par le centre, ne se fatigue pas et on ne s'essouffle pas.

Dans la position *assise,* on cherchera instinctivement à garder les genoux plus bas que le bassin de manière à laisser à l'abdomen toute sa place. S'appuyer n'est pas nécessaire. Du reste, même avec un appui, la force se maintient dans la région du bassin et on demeure dans le hara (V).

Tension - détente

Tension - détente, contraction - relaxation sont deux aspects de toute structure vivante, mais l'homme contemporain oscille la plupart du temps entre deux états qui s'excluent l'un l'autre : la crispation et le laisser-aller. Il est possédé par le moi, dont la position contraire à l'Etre essentiel se manifeste par deux attitudes antagonistes, dangereuses pour la vie : la rigidité et la dissolution. Même lorsqu'il est question de détente, on cherche en fait une dissolution qui fait déborder des limites pour céder aussitôt la place à une nouvelle crispation. Ce que nous apprenons, et que nous devons exercer sans cesse, est une détente qui ne dissout pas mais amène, au contraire, un tonus élastique conforme à l'Etre essentiel et à la création d'une nouvelle forme.

Le but d'une détente adéquate n'est pas de supprimer béatement toute tension, mais de la transformer en une tension juste. Pas plus que la pratique du centre exact, cette détente ne représente un procédé purement physique. Elle implique toujours une attitude de la personne. Nous devons apprendre à nous détendre de la façon juste - et non à relaxer notre « corps ». Cela suppose plus que la simple relaxation musculaire. Laisser tomber les épaules et « se lâcher dans les épaules » sont deux choses foncièrement différentes. La première est un simple geste du corps dont le résultat reste extérieur et sans action durable, l'autre est une modification de l'attitude tout entière de la personne. Toute crispation exprime une contrainte du moi asservi au monde. Il convient donc d'apprendre à lâcher ce moi existentiel contracté. Cela, non seulement quand nous sommes particulièrement crispés, ou effrayés, ou qu'une contrariété nous exaspère, ou que nous nous défendons en prenant un point d'appui « en haut », mais *toujours.* C'est un exercice qui concerne l'homme en tant que corps. A celui qui cherche la transparence, il ne s'impose pas de temps en temps mais en permanence et fait naturellement partie de tout exercice spirituel tendant à la transformation. Car s'affranchir du petit moi signifie aussi se libérer de la forme corporelle, souvent invétérée, qui atteste ou rétablit son empire.

L'abandon de ce moi inquiet, lâche devant la douleur, qui s'attache aussi à sa crispation, entraîne une modification corporelle de l'homme tout entier. La tension défectueuse ne nous devient peut-être d'abord consciente que comme une rigidité physique. Nous devons cependant percevoir en elle une attitude fausse de la personne et apprendre à nous détendre nous-mêmes dans notre attitude d'ensemble. Alors seulement nous atteindrons, petit à petit, une calme maîtrise. Mais pour se détacher, sans se disloquer, de l'appui centré en haut, dans l'espace du moi, qui est à l'origine de la tension, il faut auparavant avoir appris à reposer et à s'ancrer ailleurs, dans la région du bassin, c'est-à-dire avoir acquis le hara.

Lâcher prise, autrement dit se libérer de l'emprise du moi, doit se sentir et s'exercer dès le début, non seulement aux épaules mais aussi dans la nuque et le haut de la colonne vertébrale. Nous nous tenons toujours comme si un bouclier, porté sur les omoplates, devait nous protéger d'un danger nous menaçant par derrière. Rien d'étonnant donc à voir le débutant éprouver d'abord de la crainte quand il s'exerce à détendre les vertèbres supérieures. Il a besoin d'un certain courage. Vient ensuite la non moins importante décontraction de la taille. L'homme qui vit sans un ferme appui sur le sol et s'affermit par le buste seul se ligote, par un mécanisme de défense, contre le bassin. C'est souvent l'indice d'une sexualité refoulée et représente en tout cas une scission avec les forces cosmiques auxquelles nous relie le bassin. Une ouverture libre et souple, affermie dans le hara, du bassin est donc une condition fondamentale de toute santé physique et spirituelle (V).

La respiration

De même que la pratique de la tension juste, l'exercice de la respiration, dans son sens proprement humain, manque son but lorsqu'il est considéré comme un exercice purement physique mis au service de la santé ou de l'efficacité. Voir dans la respiration le fait d'aspirer et de rejeter simplement de l'air est un symptôme affligeant. Nous devons percevoir dans la respiration le souffle de la grande Vie, qui règne sur tout ce qui est vivant. Il anime et maintient en vie l'homme intégral, âme, esprit et corps.

La respiration est le mouvement par lequel l'homme s'ouvre et se referme, se donne et se reçoit de nouveau, s'abandonne et se retrouve en une vivante et incessante transformation. Si la respiration fonctionne mal, le sujet entier, et non pas son corps seul, se porte mal. Toute perturbation de la respiration révèle un trouble de l'homme total sur le chemin de lui-même Une respiration défectueuse n'implique pas seulement une réduction de force et d'efficience, elle est la cause et l'expression d'une impossibilité d'être soi-même, parce que le mouvement fondamental de transformation est bloqué. Tel est le sens initiatique de la respiration et celui de son exercice. Le blocage tenace qui s'exprime par une respiration inhibée concerne la totalité de l'homme et non son seul devenir physique. Une mauvaise respiration ne fait pas qu'exprimer l'altération de l'Etre essentiel, elle l'endurcit progressivement toujours plus. Exercer la respiration c'est dégager le chemin de la réalisation du Soi.

Les erreurs les plus répandues quant à la respiration sont l'expiration incomplète et une respiration mal centrée. On insiste sur l'inspiration, ou on la conserve (on « se conserve » dans l'inspiration). L'autre erreur est de respirer trop haut, dans l'espace du moi, de sorte que le mouvement « inconscient » du diaphragme, effectué par le hara, est remplacé par « l'activité » des muscles du thorax. A la place de la respiration naturelle conforme à l'Etre essentiel intervient alors une respiration contre nature, *faite,* consciemment ou inconsciemment, par le sujet. La respiration juste par rapport au Soi s'effectue d'elle-même. Quand la fausse respiration s'est implantée, elle est une entrave au devenir de la personne, car cette erreur ne concerne pas seulement le corps : elle révèle un homme sans confiance fondamentale, dominé par un moi méfiant et avide de sécurité.

Il y a de nombreux exercices de respiration inventés par les hommes et utiles à beaucoup de buts. On peut discuter leurs qualités. Mais il n'existe qu'un exercice incontestable, celui qui apprend à recevoir la respiration non inventée par l'homme, innée et conforme à son Etre essentiel. Cet exercice consiste simplement à écouter la respiration donnée par la nature, à retrouver et à garder sa forme originelle. Cela implique avant tout l'accueil de ce qui nous meut, sans notre intervention, comme un flux et un reflux naturels, un mouvement rythmé qui donne et reçoit.

La forme de respiration défectueuse, causée par une accentuation du moi profane, fait résister inconsciemment à l'expiration complète puis, le diaphragme ne remontant pas de lui-même, nous aspirons notre propre souffle. Contre ce défaut, un exercice essentiel, bénéfique d'ailleurs dans la plupart des cas, consiste à permettre - à souligner même au commencement - l'expiration totale. L'inspiration correcte vient alors d'elle-même. De même que le but de la détente juste est une juste tension, le sens et le fruit d'une expiration juste est une inspiration correcte, se produisant d'elle-même. Il n'est pas nécessaire pour être capable de donner de prendre d'abord : il faut au contraire tout donner pour avoir le droit de recevoir L'exercice de l'expiration ne doit pas être pratiqué non plus dans l'esprit d'un exercice corporel, mais de telle sorte que nous nous abandonnions *nous-mêmes,* avec confiance et sans réserve, et que nous nous laissions couler dans le flux de la respiration. Exhaler complètement le souffle exprime la confiance en la vie. Celui qui se méfie de lui-même et de la vie retient sa respiration. Comme dans l'exercice du maintien et de la détente exacts, il s'agit donc avant tout de s'exercer à lâcher prise et, dans un geste confiant, d'abandonner le petit ego éternellement attaché à sa position et à ses biens. Ainsi seulement pourrons-nous sortir de notre orgueilleuse réserve et de notre crispation, et nous ouvrir à notre Etre essentiel. Ayant retrouvé l'unité avec lui, nous parviendrons à la liberté d'acquérir la forme qui correspond à notre principe infini.

YIN - YANG

Le centre de gravité exact, la tension et la respiration justes, trouvent ensemble leur expression symbolique dans le vieil emblème extrême-oriental du Yin et du Yang. Ce symbole renferme pour l'Extrême-Orient la plus haute réalité pressentie, contemplée et éprouvée dans le Tao. Sur le chemin vers ce Tao, et venant de lui, les deux pôles entre lesquels se meut la vie se nomment Yin et Yang. Lorsque la pensée occidentale commence, de nos jours, à intégrer la polarité vivante du Yin et du Yang à sa conception de l'humain, elle n'accorde pas seulement sa place au pivot de la sagesse orientale, elle s'ouvre aussi à la fécondité d'un principe fondamental de toute réflexion sur la vie.

Quel est le sens du Yin et du Yang ? Ils désignent l'action réciproque et coordonnée des deux principes primordiaux sous le signe desquels se vit l'éclosion et la mort de toute forme vivante, où toute existence s'incarne et s'éteint pour s'animer de nouveau. La vie engendre la multitude des formes et presse chaque chose dans la spécificité et la perfection de sa forme propre. A chaque élan vers la forme (Yang) correspond le retour à son contraire (Yin) qui, opposé à toute spécificité, réintègre chaque forme dans le sein du Tout unique. A toute poussée vers le singulier répond une tendance à l'unité qui l'absorbe. Chez l'homme, ce mouvement apparaît dans le jeu de point et de contrepoint du masculin et du féminin, de l'univers du père et de celui de la mère, du ciel et de la terre, de ce qui engendre et de ce qui reçoit, de l'action créatrice et de la non-action libératrice, de l'activité volontaire et de l'acceptation passive du monde, de la lumière du moi conscient et de l'univers obscur de l'inconscient, du moi existentiel avec sa joie de former et de l'Etre essentiel uni au divin. La vie humaine comprend toujours ces deux principes. Séparés l'un de l'autre, ils ne sont plus ni Yin ni Yang. Leur fruit ne s'engendre que dans le cycle et le mouvement du Tout. Tout ce qui vit, l'être humain par conséquent aussi, est une forme de la manifestation du Yin et du Yang. Mais il n'est vraiment vivant que s'il reste en harmonie avec la grande loi - c'est-à-dire avec le rythme du Yin et du Yang.

La pulsation vivante de la respiration vient du jeu alterné

dans lequel l'expiration aboutit à une inspiration et l'inspiration à une expiration. Chaque fois que, dans l'un ou l'autre sens, le mouvement ralentit, la vie est troublée. S'il s'arrête, elle cesse. C'est pourquoi l'ennemi de la vie peut se concevoir comme une puissance qui la détruit de deux façons : il immobilise le mouvement parvenu au point suprême de la forme en rétrécissant et en durcissant, jusqu'à la mort par rigidité, ce qui paraît parfait, - ou bien il interdit au mouvement qui anéantit la forme devenue de remonter vers une nouvelle forme, et c'est la fin par dissolution. Ainsi, à la place de l'intégration, qui appartient à tout vivant, de la tension vers la forme et de la détente dans l'unité qui engloutit la forme pour la réengendrer, intervient l'antagonisme de la rigidité et de la dissolution. Le premier danger est celui de l'Occident (en nous-mêmes aussi), l'autre celui de l'Orient (également en nous-mêmes). L'une et l'autre éventualités de cette alternative sont l'arrêt de la respiration vitale, c'est-à-dire la mort. Mais qui est l'agent de cet ennemi de l'homme ? Nul autre que le moi qui s'installe au centre et maintient l'homme dans la crispation et le relâchement.

Une respiration juste est la condition d'une vie juste. En elle se réalise, croît et s'épanouit le cycle éternel du devenir et du disparaître, s'ouvrir et se fermer, se créer et se fondre de nouveau la forme de l'émergence et l'immergence de tout vivant dans l'abîme de l'ETRE. Cette signification profonde de la respiration explique pourquoi tout exercice spirituel tendant à une vivante transformation est finalement impossible sans une prise de conscience de la respiration. Celui qui s'exerce spirituellement, tout en négligeant son corps qui respire, aboutit à une spiritualité étrangère au corps, contraire à la transformation, c'est-à-dire sans racines. Si par contre il pratique une respiration juste, il peut sentir et favoriser en lui-même le mouvement de la métamorphose. L'accentuation de l'un ou de l'autre des mouvements, celui de « dissolution et de retour au sein du tout » (Yin) ou « d'éclosion et d'extériorisation » (Yang) distingue les époques et les esprits, comme aussi l'Orient et l'Occident. Les peuples d'Orient tendent davantage vers l'éternel retour au tout, ceux de l'Occident vers l'éternel renouveau et l'extériorisation. De même, certaines personnes penchent plus vers le Yin, d'autres vers le Yang. Le monde et la tâche qu'ils doivent y remplir leur sont donnés sur un mode différent. L'âme de la mère, source primordiale et appel de la patrie originelle, et l'esprit du père, loi et force créatrice, se combattent et se nouent d'une façon propre à chacun. Mais bien que l'accent soit mis pour eux sur des aspects différents du sentiment de la vie, des motivations profondes et de l'expérience de promesse et de vocation, la vie humaine ne reste féconde et saine que s'ils laissent assez de place à la tendance opposée. La singularité propre à chaque Etre essentiel détermine la direction fondamentale de son devenir vers la forme qui lui est destinée. La tendance qu'elle apporte avec elle représente le danger lié à toute individualité. C'est vrai aussi de l'Occident chrétien, pour lequel le rétablissement de l'unité primordiale de l'Etre ne signifie pas le retour au sein de la Grande Mère mais la victoire de l'esprit créateur lumineux du Père sur la matière qu'il modèle et transforme en un miroir conscient de l'unité originelle (X).

L'entrainement corporel comme exercice

Il existe des attitudes de base contraires au témoignage de l'unité avec l'Etre essentiel et d'autres qui le favorisent. L'homme n'est heureux et intégralement lui-même que si l'ensemble de ses attitudes fondamentales lui permet la transparence. Serein, paisible, il s'ouvre alors à son Etre essentiel et agit conformément à lui. Dans la mesure où cette transparence est préservée, l'Etre se manifeste dans l'existence comme une forme bienfaisante et libératrice, un principe de beauté de la force animée. Il est l'unité dans le lien chaleureux de l'individu avec soi-même et les autres et cela, inconsciemment, déjà sur le plan naturel.

Le corps contrarie la vocation de l'homme quand, par mollesse ou par rigidité, il empêche cette triple manifestation de la vie.

L'éducation du corps qui tend vers la grande transparence à l'ETRE se distingue entièrement de celle qui a pour seul but « la santé et l'efficicence », c'est-à-dire la capacité de rendement. Cette transparence dirigée vers l'ETRE favorise d'ailleurs aussi les meilleures conditions de réussite du moi existentiel. Cependant, ce qui ne représente pour l'éducation physique, visant surtout à l'efficacité objective, que les conditions humaines les plus favorables devient sens et orientation décisifs dans une formation du corps axée sur l'homme total, ouvert à l'ETRE.

Il existe une grande tradition des anciens arts sportifs japonais. Cette antique conception japonaise a un sens intemporel et universel. La vérité qu'elle contient serait valable pour nous - à condition que le but central de l'exercice corporel autour duquel tout gravite ne soit pas un rendement mesurable mais l'homme qui s'accomplit lui-même. La tradition japonaise de l'exercice et de la technique des arts guerriers, moyens pour l'artiste de découvrir et de libérer son Etre essentiel, repose aussi sur ce principe. Celui qui les exerce met ici une technique parfaitement maîtrisée, c'est-à-dire un savoir purifié du moi, au service d'une force plus profonde. Ce savoir devient alors conscient, dans l'éclat de son expérience, et s'effectue pour lui l'action parfaite. Les instants où il y parvient vraiment sont rares, même chez les grands maîtres.

Les vieux sports japonais ont la particularité de mettre, dans la relation de l'homme et de son action, l'accent sur l'homme et non sur la performance. Ce n'est pas celle-ci qui, par une dimension mesurable, donne à l'homme qui l'exécute son rang et sa valeur, c'est l'homme qui, par sa disposition d'esprit, son attitude, sa tenue, confère à une grande action sa classe et sa qualité. Quand règne cet état d'esprit, la pratique bien comprise d'une activité devient une merveilleuse occasion de purification et de maturation pour l'homme, en d'autres termes, un exercice.

Comment se présente un exercice de cet ordre, dont le but central n'est pas l'œuvre en tant que telle, mais, à travers elle, l'homme authentique ?

Tout d'abord, dans la pratique d'une activité, il s'agit toujours d'un apprentissage attentif de la technique, condition préalable à toute capacité. Mais on peut déjà utiliser ce premier apprentissage d'une « technique » pour apprendre à diriger l'attention vers l'intérieur et non vers l'extérieur et pour cultiver la disposition et la tenue justes.

Mieux on maîtrise une technique, plus l'exécution d'une tâche devient fluide et assurée et moins, par conséquent, la « technique », le « savoir » sont l'origine des erreurs éventuelles. L'ensemble de l'exécution automatisée reflète alors toujours davantage l'ordre ou le désordre intérieur de celui qui l'exécute. Il devient donc de plus en plus facile de détecter l'ennemi intérieur, c'est-à-dire le facteur *en* nous-mêmes qui se manifeste par des fautes, des tremblements, des sursauts et des anomalies perturbantes.

Faire de la réalisation d'une tâche le miroir de l'ordre intérieur, tel est le principe d'un exercice pouvant s'appliquer à toute activité automatisée. Ainsi taper à la machine peut devenir pour celui qui en possède la technique une source non négligeable d'expériences qui renseignent le sujet sur sa propre attitude et en même temps sur ses chances de la corriger. Quand ce qui est techniquement dominé arrive à traduire l'attitude intérieure, la pratique d'une activité devient en même temps un exercice sur la voie et ceci dans la mesure même où la cause qui trouble et bloque la maîtrise est amenée à la conscience.

Quel est l'ennemi du dedans ? D'où vient le défaut qui empêche une réalisation impeccable alors que la technique est parfaitement au point ? Voici en fait le problème capital qui se pose à tout sujet en pleine possession de la technique d'un exercice qui échoue cependant au moment décisif. Quelles sont les conditions qui doivent s'ajouter aux capacités pour que la tâche dont on est capable réussisse ? Certains parlent de nerfs solides. De « forme ». Mais qu'est-ce qu'être « en forme » ? Quel est le facteur qui perturbe et cette forme et l'équilibre de l'individu ? Lorsque la réponse à cette question paraît claire, on distingue aussi le pivot autour duquel tourne tout exercice dont le but n'est pas la performance objective mais la maturation de l'homme. Voici cette réponse : l'élément de trouble est ici le moi qui se réfère à un critère de valeur extérieur et non intérieur et qui, pour s'assurer davantage, « fait » encore une chose qu'il lui suffirait « d'accueillir ». Cette constatation inclut la reconnaissance du rapport entre toute activité, même sportive, et la maturité humaine.

Le principal adversaire rencontré sur la voie intérieure initiatique est le moi orienté vers le monde, soucieux de sécurité, dont le sentiment de soi-même dépend des autres, en un mot le moi égocentrique. Si l'on peut prouver d'autre part que ce moi est justement ce qui, malgré une technique irréprochable, empêche une bonne exécution, il devient évident que les efforts visant à réaliser les conditions d'une exécution parfaite et la répétition inlassable qu'elle exige de la même séquence de mouvements peuvent être un exercice de domination du moi menant aussi vers la grande transparence. Sitôt que la technique est acquise, le travail tendant à une exécution parfaite ne se rapporte plus à celle-ci. Il concerne alors toujours davantage un débat purificateur du sujet avec lui-même.

A partir du moment où le pratiquant possède la technique d'une activité donnée, s'il *accepte* simplement ses capacités, les séquences de gestes devraient se dérouler d'elles-mêmes, instinctivement (avec une « assurance inconsciente »). Mais si l'exécutant reste anxieusement soucieux de la réussite, il cherchera toujours à *faire* quelque chose au lieu de laisser agir ce qu'il sait. Cela veut dire qu'il n'arrive pas à sortir de son état de conscience « objectivement définissant ».

Le dépassement de cet état implique la maîtrise du moi 1° « vaniteux », 2° « définissant », 3° toujours « agissant », au profit d'une attitude générale où la technique acquise est simplement reçue dans un geste d'acceptation. Cela suppose une disposition fondamentale de confiance. Confiance en quoi ? en ses propres capacités ? Justement elles ne suffisent pas. La chance ? Elle est trompeuse. Son propre moi ? Précisément il échoue. Il ne reste donc que la confiance en ce centre profond qui forme le noyau de la personne humaine.

Dans une technique maîtrisée se trouve la condition de cette confiance. Cependant elle exige aussi ce sentiment de respect dont le développement va de pair avec la maturation. Son nerf vital n'est autre que la confiance inconditionnelle en une chose que l'on ne peut pas « faire », mais qu'il faut accueillir dans la profondeur de soi-même.

Cette dimension de profondeur, et aussi ce qui lui fait obstacle, ne peuvent être réellement perçus que si le moi, inquiet et soucieux de bien faire, lui cède la place. Pour que son action soit durable, il faut que l'homme apprenne non seulement à la sentir mais encore à lui attacher l'importance qui lui revient.

Il existe donc une condition commune au travail bien exécuté et au progrès sur la voie. La réalisation la plus parfaite s'obtient lorsque celui qui l'exécute a l'impression de ne rien faire lui-même, lorsqu'il abandonne avec une pleine confiance l'instrument d'un savoir parfait, libéré du moi vaniteux et affairé, à la force profonde qui la réalise alors pour lui. Dans le même sens il s'agit toujours, sur le chemin de la maturité et tout au long de notre vie, de reléguer au second plan notre moi profane afin de dégager la route de la plus haute réalité qu'il a, en fin de compte, mission de servir. Du fait de cette condition commune à une exécution parfaite et à une maturité authentique, l'acquisition de toute capacité peut servir la voie intérieure. Une telle notion pourrait entraîner une révolution dans le domaine des exercices physiques, c'est-à-dire du sport. L'activité sportive et la maturité humaine, conçues jusqu'ici comme opposées, non seulement pourraient mais aussi devraient coïncider. Il faudrait faire de l'homme le but du sport et non du football le but de l'homme. Un revirement de cet ordre suppose naturellement que, dans la vie humaine, on fasse passer avant toute chose la transparence obtenue et gardée dans la maturation, celle qui rend capable de créer, agir et aimer au service d'une plus haute instance. Il faut pour cela apprendre, à l'aide de chaque exercice, à sentir cette « forme intérieure » qui correspond non au moi volontaire attaché à ses performances, mais uniquement au centre profond qui deviendra toujours davantage le maître secret de l'exercice.

La forme juste est toujours déterminée par le centre de gravité juste, par le hara. L'acquérir, l'affermir et le conserver constitue l'alpha et l'oméga de tout exercice. Mais ce centre de gravité, condition d'un travail parfait, est en même temps la condition de la maturité humaine.

Maitriser la timidité devant les contacts

A mesure que l'homme progresse sur la voie initiatique, c'est-à-dire vers la fusion avec son essence, le contact de l'autre s'ouvre à lui. L'unité avec son propre Etre essentiel, mode de présence en lui de la vie surnaturelle, implique la prise de conscience intérieure de l'Etre en tant que plénitude et sens surnaturel, comme aussi de l'*unité* qui gouverne toutes choses. Cette conscience intérieure de ce qui nous relie essentiellement à tout ce qui existe se manifeste dans la façon de vivre le contact avec autrui. Se sentir « là » dans et par l'Etre essentiel suppose que non seulement les autres humains mais la nature et les choses soient éprouvées comme une relation-au-toi. La lumière venue de l'Etre donne à chaque chose l'éclat du tout proche. Détachée des apparences et des rôles, la rencontre avec l'autre prend une profondeur qui permet de toucher la personne véritable. Plus encore, le contact de l'ETRE libère l'amour - non pas l'amour sous son aspect possessif, ni une identification qui traduit surtout la peur de faire souffrir, mais un amour créateur et sauveur, qui appelle l'autre à lui-même, à sa manifestation individuelle de l'ETRE, et le délivre, parfois même avec dureté, de son moi existentiel. Cette relation de l'Etre essentiel à celui de l'autre nous amène à réviser à sa lumière l'un des symptômes de notre temps, étranger à l'ETRE : la crainte du contact.

Plus les gens se perçoivent les uns les autres comme des « objets », moins ils se regardent et plus ils redoutent les contacts physiques. Bien entendu ceux-ci existent sous la forme des gestes de tendresse qui accompagnent toute espèce d'amour. Mais n'y a-t-il pas aussi des contacts qui ne relèvent pas de relations amoureuses proprement dites mais reposent sur la solidarité de notre commune condition humaine et la communication avec l'Etre essentiel de l'autre ? Non seulement un contact physique est par là justifié, mais la vérité elle-même l'impose. Il a d'ailleurs un sens plus large et crée plus qu'un simple rapprochement entre deux être humains, il les englobe tous deux dans quelque chose de plus grand. Il peut même provoquer la conscience bienfaisante d'un sentiment d'appartenance à un « corps » plus vaste.

Parce qu'un rapprochement avec l'autre fondé sur l'Etre essentiel ne trouve pas son expression légitime, même physique, nous sommes entourés de gens qui ont froid. Partout, comme à travers les barreaux d'une grille, des mains se tendent à la recherche d'autres mains qui les serreraient avec chaleur, avec amitié. Si par hasard ce contact se produit, les barrières tombent soudain et un courant chaleureux de vie fait fondre la glace du cœur. Mais combien c'est rare ! D'ailleurs cette rencontre n'est possible que si un homme, authentiquement *présent,* découvre à l'autre, avec confiance, dans l'unité ressentie avec lui, la vérité qu'il *est*. Il faut ici le courage de passer outre aux tabous et aux conventions, négatives, qui interdisent tout contact physique. Pourquoi, en fait ? Peut-être parce que la disparition des conventions entraînerait avec elle une destruction du mur qui sécurise le petit moi en l'isolant et qui arrête tout élan de rapprochements spontané. Ces élans effrayent le moi existentiel qui, lui, ne s'adresse pas à l'Etre essentiel et court le risque d'approches indiscrètes. Pourtant, quelle action bienfaisante, libérante, peut avoir la surprise d'une chaude poignée de main, d'une caresse sur la tête, d'une main posée sur l'épaule ou, simplement, du geste de prendre quelqu'un dans ses bras sans autre but que d'exprimer un « être-là » fraternel, venant du cœur, une solidarité humaine ! Ces mouvements très humains de contact physique peuvent devenir le témoignage de la présence d'un tiers plus grand, de l'ETRE en qui nous sommes tous un et que ce geste appelle.

Un phénomène caractéristique mérite d'être mentionné ici - sans trop d'éloges -, c'est l'usage, très répandu de nos jours, du massage.

Tous les massages « médicalement » enseignés font cas exclusivement du corps qui doit être dans sa meilleure forme, aussi « fit » que possible. Cependant, cet état désiré de bon fonctionnement ne rejoint en aucune manière le sens et le but des soins qui s'adressent à *l'homme* et doivent l'amener à la santé. Dans ce dernier cas, il ne s'agit pas de masser et de soigner, plus ou moins habilement, un corps et de lui permettre une activité physique satisfaisante. C'est à un être humain qu'il faut se consacrer. Pour voir à quel point ceci est rare, il suffit de remarquer que l'on n'apprend presque jamais à coordonner le mouvement du massage avec la respiration (par exemple, s'il s'agit de détente, avec l'expiration). On semble ignorer que la tension générale du corps est différente à l'inspiration et à l'expiration et trouver naturel de « travailler » un patient sans se soucier du rythme personnel que manifeste sa respiration. Soigner le corps ne signifie pas le masser, mais prendre en main un sujet pour qu'il puisse être davantage lui-même. Or, l'amener à son propre rythme (de respiration) est ici le point capital. Si l'on y joint l'aspect initiatique, il faut que la personne dont on s'occupe se *perçoive* telle qu'elle est *réellement* afin de croître dans son Etre essentiel. Elle doit se *sentir* alors dans la dimension qui lui fait transcender son moi, conditionné par le monde seul et orienté vers lui, et éprouver en son corps ce dépassement. Alors le traitement amène aussi à l'expérience des qualités numineuses qui sont toujours le signe d'éclosion d'une autre dimension.

Le « traitement » juste d'un sujet comprend toujours le développement de sa conscience « du dedans », de sa conscience intuitive. Comme il importe, sur le chemin initiatique, de détruire l'hégémonie de la conscience objective au profit de la conscience intuitive, le but des soins justes, conformes à l'Etre essentiel, devient avec évidence la progression sur la voie. Celle-ci implique avant tout la transparence aux forces et à l'ordre cosmiques où nous sommes intégrés et auxquels, fondamentalement, nous participons. Il y a, pour le corps aussi, une ouverture à la transcendance cosmique. Avec cette « ouverture », l'homme éprouve un extraordinaire élargissement de lui-même sur le plan physique. Et c'est surtout par l'intermédiaire de la peau lorsqu'elle est perçue non comme ce qui sépare mais comme ce qui relie. En fait, à quoi nous relie-t-elle ?

La réponse à cette question éclaire encore une fois les deux dimensions, naturelle et spirituelle, de l'homme. Bien des gens paraissent enfermés dans leur peau comme dans une enveloppe de cellophane. Une « bonne main » peut les dégager de cette enveloppe de telle sorte que la peau se mette soudain à respirer, se ranimer, se sentir en contact avec le monde. Ce contact dirige vers une tout autre dimension quand il porte l'homme à se dépasser lui-même pour vivre la sphère marquée par le numineux. Cela commence par l'expérience personnelle du « corps éthéré », c'est-à-dire du corps de matière subtile.

Une des caractéristiques attristantes d'une humanité qui ne comprend rien à l'expérience corporelle de son Etre essentiel est de ne pas reconnaître à l'amour physique un sens transcendantal. Dans tout érotisme, et pas seulement dans la sexualité aboutissant à l'orgasme, il existe un élément qualitativement perceptible, qui permet à l'homme d'affaiblir son petit ego et qui le porte au-delà de lui-même. Cet « au-delà de lui-même » mène-t-il vers le bas, à l'animalité grossière, ou vers le haut à une sensualité au-delà des sens ? Les esprits se divisent ici. Toute éducation sexuelle devrait cependant s'orienter vers cette clarté numineuse qui, déjà dans un léger contact érotique, peut jeter un pont vers l'autre rivage. On sait que la tradition de nombreuses religions a plus ou moins utilisé la sexualité et l'érotisme pour conduire l'homme à établir et éprouver, à travers l'éveil du corps, une relation à la transcendance.

CHAPITRE VI

L'APPEL AU MAITRE

L'APPEL AU MAÎTRE

De plus en plus souvent résonne en notre temps - et il vient surtout de la jeune génération - l'appel vers le maître. Il ouvre une ère nouvelle dans l'histoire de l'esprit occidental.

L'appel au « maître » annonce un « temps nouveau » qui laisse derrière lui les « temps modernes » dépassés. Il est le symptôme de la relève de l'époque des « lumières » par une nouvelle lumière. L'homme occidental reconnaît ici que dans la spiritualité à laquelle il se référait jusqu'ici la vérité qui lui est réellement destinée se trouvait altérée. Une nouvelle porte s'ouvre.

L'appel au maître implique le refus du rôle joué jusqu'à présent par les éducateurs et les enseignants lorsqu'ils prétendent non seulement transmettre le savoir et les capacités, mais encore former un homme « juste » à une vie « juste ». Car leur image de ce qui est « juste » néglige l'essentiel : la relation à la transcendance, qui est un engagement, et la possibilité, fondée sur cette transcendance, d'une maturité humaine s'accomplissant par l'ETRE.

Lorsque l'homme est uniquement préparé à s'imposer par une activité efficace et à s'assurer le bien-être, l'élément vraiment spécifique de son humanité reste dans l'ombre. Il tend aujourd'hui vers la lumière qui lui est destinée et il exige qu'on le reconnaisse et le dirige. Mais qui peut prendre en main cette direction ? Pour être apte à transmettre le savoir nécessaire et éveiller l'élan vers une vie nouvelle, il faut que le guide connaisse lui-même, par sa propre expérience, l'origine divine de l'homme. Ce guide, que l'on appelle, conduit vers la voie nommée initiatique, car elle commence par ouvrir la porte du mystère. Celui-ci est la source, présente en nous mais cachée au moi existentiel, d'une force, d'un sens et d'un amour qui ne sont pas de ce monde. Leur expression et leur témoignage, en ce monde même sont pourtant la vocation innée de l'homme. Le guide sur cette voie est le *gourou,* le *maître.* Aux « professions » qui s'occupent déjà de l'homme - médecins, enseignants, éducateurs, thérapeutes - il faut donc ajouter la tâche incombant à celui qui est versé dans la connaissance de cette réalité que l'homme, par son origine céleste, est appelé à connaître et à développer méthodiquement. La thérapie contemporaine semble faire un pas dans cette direction.

Psychothérapie et direction sur la voie

On fait depuis quelque temps une différence entre petite et grande thérapie. Par petite thérapie on entend les traitements s'adressant aux névroses et visant à rétablir la santé psychique. Son but est de rendre un sujet apte à faire son chemin dans la société, à y travailler et à s'y créer des contacts. La première condition est de le libérer de son angoisse, de ses sentiments de culpabilité et de son isolement. Ce travail sert l'homme naturellement identifié à son moi existentiel. C'est une thérapie de caractère purement *pragmatique.* Elle restera toujours le but premier du médecin. Il s'y ajoute depuis peu une thématique différente, qui apparaît lorsque la souffrance humaine - physique ou psychique - s'enracine si loin que, au-delà du psychologiquement accessible, elle atteint le noyau de l'Etre métaphysique, se situant donc à une profondeur de l'inconscient dont les manifestations ont un caractère numineux. Lorsqu'apparaît le numineux, la vie spirituelle est en jeu. La « guérison » n'est alors possible que si le « malade » apprend à se percevoir à ce niveau. Il lui faut comprendre son échec dans le monde comme le blocage d'une réalisation de soi-même à travers laquelle son Etre transcendant lui-même devrait percer. Une thérapie de cet ordre ne cherche pas seulement à rétablir la santé du moi existentiel, indifférent à l'ETRE. Elle tend au témoignage de l'Etre essentiel dans le moi profane et, en ce sens, à la réalisation du Soi véritable. On l'appelle la grande thérapie. Si elle veut demeurer fidèle à elle-même et ne pas être un simple détour vers le rétablissement de la santé et de l'activité dans le monde, elle doit avoir un sens initiatique.

Il est explicable qu'un « psychanalyste », n'ayant pas lui-même atteint le « degré » d'évolution, ne sache et ne puisse rien savoir d'un « noyau transcendant ». Il peut aussi refuser d'en reconnaître la réalité et interpréter ses manifestations comme des projections, des illusions ou les fantasmes d'un moi fuyant le réel. Cela peut être très préjudiciable au patient. Un sujet souffrant, qui se trouve au point initiatique, peut être immobilisé au niveau naturel par un manque de compréhension et subir de graves dommages. Quand, le degré initiatique atteint, l'évolution ne lui est pas conforme, cela peut être déjà une cause de maladie.

Du fait de la situation du patient en face du thérapeute, ce que celui-ci considère lui-même comme sérieux, en théorie et en pratique, prend de l'importance aux yeux de son patient. Ceci s'observe ailleurs que dans la « situation thérapeutique » proprement dite. Seul, en effet, est pour nous réel ce que nous considérons comme important. Et plus un homme entre dans notre sphère d'influence, plus ce que nous prenons nous-mêmes au sérieux acquiert de réalité pour lui aussi. Ce que nous considérons comme le noyau de lui-même peut alors agir en lui comme un aimant autour duquel tout s'ordonne, comme un tourbillon l'entraînant dans ses remous. Mais de ce centre peut aussi jaillir une source cachée et régénératrice. De là l'immense responsabilité que nous encourons vis-à-vis de ceux qui se confient à nous.

Lorsque nous sommes appelés à la voie initiatique, il est essentiel de rencontrer un jour un homme qui, y étant lui aussi engagé, voit et entend ceux qui l'approchent d'essence à essence. Cela se rencontre rarement au sein de la famille. Les liens du sang entravent souvent plus qu'ils ne la favorisent la liberté sur la voie intérieure. Le lien aux camarades de travail est d'une autre nature : avec eux on partage davantage les soucis du monde. Mais c'est dans le climat d'une amitié basée sur des affinités d'âme que se hasardent à poindre les premiers bourgeons naissant de l'Etre essentiel. Cependant, pour qu'ils puissent s'épanouir tout à fait, il faut qu'un guide plus avancé sur la voie les reconnaisse, les décrive, et interprète pour le novice ce qui lui advient afin qu'il se découvre soudain lui-même, sérieusement, sous un jour nouveau.

Dans une civilisation qui valorise avant tout l'efficacité et un comportement adapté, qui donne à la raison le pas sur le cœur, qui apprécie le savoir plus que la sagesse et l'habileté plus que la maturité, il est rare d'être reconnu selon son Etre essentiel. Plus rare encore de rencontrer quelqu'un qui prenne en charge le nouveau venu sur la voie. Pour chacun de ceux qui savent ce qui est en jeu, le temps est venu cependant de prendre conscience de leur responsabilité vis-à-vis de leurs « frères spirituels », de se joindre à eux pour les accompagner ou les aider - selon leur propre degré d'évolution.

La transformation dont il s'agit sur la voie initiatique ne commence pas toujours par une expérience très précise de l'ETRE, par une situation extrême en quelque sorte, ou par des moments de vive lumière. Ce sont parfois seulement des contacts plus ou moins passagers ou simplement le souffle du numineux dans un rêve. Mais de nos jours se multiplient les cas où de très jeunes gens, souvent, deviennent attentifs à de semblables instants. Ils s'étonnent et se posent des questions. Par ces moments accueillis et traités avec sérieux peut commencer la voie qui est hors de toute thérapie, mais il n'en est pas nécessairement ainsi. Le but primaire de la « grande thérapie » n'est pas de s'occuper des capacités profanes grâces auxquelles le sujet réussit dans l'existence, parfois aux dépens de son Etre essentiel, sans peine ni difficulté. Son premier souci est la réalisation de soi-même par l'Etre essentiel. Elle n'abandonne pas pour autant le domaine de la thérapie pragmatique, et la transformation initiatique ne devient pas d'emblée le *sens* déterminant du travail. Le niveau initiatique n'est même vraiment atteint que si la quête de la transparence à la transcendance n'a plus pour objet l'intérêt propre de l'homme, mais si cette transparence à l'Etre essentiel est recherchée pour elle-même, la volonté de maturité s'exerçant exclusivement au service de l'ETRE. Sa manifestation prend alors le pas sur l'adaptation existentielle du sujet. Celui-ci est parvenu à ce point lorsque ne sont plus en cause ni l'adaptation au monde, ni la libération de la souffrance. Il ne doit plus s'agir que de la réalisation du « Soi », dont le critère n'est plus l'efficience profane mais exclusivement la transparence à l'Etre essentiel, au « Soi véritable » conçu comme le lieu où l'ETRE même est éprouvé et attesté dans le monde, selon le langage propre à l'individualité de chacun. Une vie est « initiatique » lorsque, sans équivoque possible, elle sert l'ETRE et lui seul. Tant que son contact n'est recherché que pour le bien propre de l'individu, il s'agit encore d'une thérapie. A partir du moment où le processus de réalisation de soi-même est entreprise avec l'ETRE seul pour but, à n'importe quel prix, même celui des souffrances et de la diminution passagère des capacités existentielles qu'il amène, alors seulement il y a engagement sur la voie initiatique.

Une autre question qui se pose est de savoir dans quelle mesure la voie de l'initiation réclame et suppose une investigation psychanalytique et un travail de thérapie. En fait, l'assainissement psychanalytique de l'inconscient est nécessaire. Sans lui le sujet est facilement la proie d'illusions. Il s'imagine plus proche qu'il ne l'est en réalité de la transcendance et de la transparence. Et le démon tient au collet l'homme qui, dans l'exercice spirituel par exemple, se tourne uniquement vers la lumière, sans se soucier de ses propres ténèbres. Sur des fondations pourries, le beau bâtiment reste en danger.

La perception de ce qui, dans le conscient et l'inconscient, sépare du numineux apparaissant dans la réalité de l'ETRE, fait partie du travail de la voie intérieure au même titre que la reconnaissance et le respect de ce numineux. Une thérapie sérieuse, travaillant à explorer l'inconscient et les complexes, peut effectuer un travail préliminaire capital. Quand elle prend vraiment en considération l'Etre essentiel, elle peut même être l'éveil et le point de départ d'une évolution qui aboutira à l'initiation.

Cependant, si l'on veut réussir plus qu'une réadaptation du moi existentiel, il faut, après une compétente dissolution des complexes et de certains mécanismes invétérés, transcender la forme de conscience définissante qui domine le moi naturel, qu'il soit égocentrique ou oblatif. Ensuite seulement, une fois surmontée l'emprise de la conscience objectivante, pourra être entreprise une direction sur la voie visant plus haut que l'adaptation au monde et le simple rétablissement de la capacité de bonheur, de travail et d'amour du sujet non encore éveillé à l'ETRE. Il faut que la thérapie soit animée de cet « esprit spirituel » né de l'expérience de l'ETRE, soumis à la loi et à l'image innée de cet ETRE les plus intimement vécues et devenues la conscience dirigeante, pour qu'à sa lumière, dans le rayonnement de l'amour du prochain, puisse éclore la force qui éclaire et guérit à la fois. Le travail qui s'effectue sous la direction initiatique pour venir à bout de l'emprise de la conscience objective exige d'abord que l'on reconnaisse ses propres limites. Il faut accepter ici la priorité d'une réalité inaccessible à la raison, être prêt à accepter et à développer des formes de conscience qui lui rendent justice.

La réalité régie par les valeurs est autre que celle qui consiste en faits. Comprendre des rapports de sens est autre chose qu'expliquer un processus ; reconnaître un homme comme personne est un problème autre que d'expliquer et de comprendre des choses ou des rapports de sens. De même aussi la transcendance appelle l'homme à des réponses entièrement différentes de celles qui doivent être données à des faits, à des rapports de signification ou à des personnes. Il s'agit ici de l'union et de la fusion en l'Etre essentiel par laquelle tout est transformé, libéré, exigé. Toute explication, compréhension et perception d'autrui dans le monde ne sont pas abolies mais au contraire insérées dans une relation entièrement différente, surnaturelle, qui exige une forme de connaissance d'un tout autre ordre. A partir de là se développera aussi, dans les temps nouveaux, une nouvelle science de la nature et des hommes.

Toutes les religions, ou philosophies religieuses, naissent d'une forme douloureuse d'existence où l'homme, passé le paradis de l'enfance et l'état primitif souffre de son isolement et réclame le « retour au foyer » où, le Tout étant retrouvé, le cercle se referme. Aider réellement l'homme à se libérer signifie donc le guider et le réenraciner dans son sol essentiel. L'aider aussi à prendre conscience et à cultiver en lui l'élément supérieur qui, la rupture une fois surmontée, pourra reconquérir l'intégrité qui a toujours existé en lui comme une nécessité et une potentialité. Appeler, découvrir et former la personne profonde, qui reflète le Tout, tel est le travail conforme à l'ETRE qui doit se faire sur l'homme à la recherche de son essence.

Méthodiquement conçue, une aide visant à la libération essentielle, c'est-à-dire initiatique et non pas entendue au sens psychique et pragmatique, tend dès l'abord à éveiller les forces de l'ETRE, ensevelies dans l'inconscient, et à leur donner un élan nouveau. Dans l'anamnèse, on attachera donc une importance particulière au récit d'événements qui « transpercent » et « allument » la réalité existentielle rationnellement organisée. Le sens de la qualité numineuse, particulière à ces expériences, ne peut échapper à aucun de ceux qui ont été amenés à traiter sérieusement la dimension profonde de ce vécu et son contenu de vérité. Il faut éveiller, chez un sujet encore mal assuré, sa faculté de percevoir le contenu de numineux de certains événements, l'encourager à accueillir et à saisir de plus en plus consciemment ses potentialités d'intuition d'une plus haute dimension. Ainsi accordera-t-il droit de cité à ce qui lui paraissait illicite ou insignifiant. Ce qui, du point de vue étroit de l'ancienne réalité, passait pour « mystérieux » acquiert par l'élargissement et l'approfondissement de la conscience le rang qui lui revient et sa juste place de valeur. Le supra-réel devient réel. A la réalité rationnelle se joint un réel transcendantal qui promet à l'homme l'accès d'un « réalisme transcendant » (Evola). Parce qu'il est compris et accepté par l'homme nouveau comme une réalité naturelle, l'irrationnel est « démythifié » et devient finalement le pain véritable de la vie [1].

MAÎTRE - DISCIPLE - VOIE

Les temps nouveaux, qui se distinguent par le respect de l'expérience de l'ETRE, entraînent aussi un rapport neuf entre le personnes qui pénètrent sur la voie et y progressent. Une communauté se forme entre ceux qui, dans leur quête, se reconnaissent comme frères et sœurs par l'ETRE, membres d'une même famille qui se comprennent par-delà les frontières du temps et de l'espace. Des morts de longue date nous parlent comme s'ils étaient physiquement parmi nous. Vieux et jeunes se rencontrent en une proximité intemporelle. Les murs qui séparaient des diverses races, religions ou traditions spirituelles l'homme naturel non encore touché par l'ETRE disparaissent. Les différences religieuses et sociales s'effacent. Leur quête mène par-delà époques et pays, comme s'ils étaient portés par le courant d'un immense cortège, des hommes de toutes les origines, venus de toutes les directions. Chargés de leurs destins divers, dans leurs vêtements disparates, libres et pourtant la main dans la main, le même but inconnu devant les yeux, ils vont, poussés par la même nostalgie et attirés par la même étoile. Il semble que dans ce flot la vie se retrouve en sa totalité. Morcelée, désagrégée, elle avait été dépouillée de ses racines essentielles. Elle est maintenant prête à reprendre l'éclat de sa plénitude, de son ordre et de son unité.

Dans le grand cortège de ceux dont la vie se redécouvre dans la force de la VIE renaissante, chacun s'aperçoit qu'il est main-

---

1. Maria HIPPIUS, *Transcendenz als Erfahrung*, XIII.

tenant sur un chemin où, irrésistiblement touché par l'ETRE, il a besoin d'une direction, d'un guide, donc du *maître* dont il doit être le disciple pour devenir celui en qui, dans un instant de bonheur, il s'est reconnu.

La maturation d'un homme n'est pas possible sans un contact avec son centre le plus profond, son Etre essentiel, non déterminé par le monde. La conscience intime de ce noyau, telle que nous l'éprouvons aujourd'hui, se manifeste par une aspiration vers l'authentique réalisation de soi-même et vers une direction sur la voie. Le malaise de l'Etre essentiel insatisfait, quand il est reconnu par la conscience, ne se laisse plus étouffer ni par un succès plus grand dans le monde, ni par le retour à une croyance religieuse, car il est issu d'une situation où l'homme ne se satisfait plus de ses activités profanes et où sa croyance a cessé de le porter. Le besoin d'une direction sur la voie intérieure devient donc impérieux. Et celui qui réclame un maître est devenu un disciple.

LE MAÎTRE

Le maître est la réponse à une question, posée dans une situation intérieure précise, correspondant à une étape déterminée de l'évolution humaine. L'homme est arrivé à une impasse, à un malaise intérieur. Le secours d'un médecin est inopérant. Il ne lui est pas possible d'en venir à bout tout seul et les croyances traditionnelles ne sont pas non plus une aide. Pourtant il pressent et cherche quelque chose, une intime promesse et une exigence qui pourraient représenter la véritable réalisation de sa vie. Il le pressent à cause d'une expérience particulière. D'une manière ou d'une autre - par le bonheur de son approche ou la misère de son éloignement - il a rencontré l'ETRE surnaturel, le divin. Cela ne ressemble pas à ce qu'il avait cherché jusque-là dans le contexte de ses habitudes et de ses traditions spirituelles. Il ne sait pas très bien lui-même ce qui s'est passé ;

il sait seulement qu'il s'agit de retrouver un contact durable avec ce qui l'a touché. Le malaise auquel il doit faire face ne concerne pas ses capacités physiques ou psychiques à l'égard du monde. Il souffre d'être séparé de la profondeur divine de sa vie *parce que,* justement, il l'a un instant éprouvée au plus intime de lui-même. Vers qui doit aller celui qu'atteint cette souffrance ? Un médecin, consulté en tant que tel, ne le comprendra pas et, selon toute vraisemblance, se déclarera incompétent. Il lui prescrira peut-être un calmant, ou l'adressera à un psychiatre. Mais cet homme a peur des psychologues ou des thérapeutes : peut-être rapporteront-ils à autre chose le plus précieux de son expérience ou la regarderont-ils comme une illusion, une inflation du moi ou une projection. Rien n'est plus terrible et plus néfaste, dans cette situation, que de se confier à un homme qui, faute de connaître lui-même l'expérience, porte un diagnostic faux et traite l'expérience de l'ETRE comme une inflation du moi, par exemple. A un prêtre ou un pasteur non plus il n'ose s'adresser de crainte que, partant de son point de vue théologique, il ne mette en doute son expérience, y voyant un phénomène « naturel », « subjectif », et n'essaye même de « ramener » celui qui cherche aide et conseil dans le sein de sa sainte mère l'Eglise alors que, pense l'intéressé, il vient justement de le dépasser. Il cherche quelqu'un de tout différent - il cherche le maître.

Le mot « maître » peut désigner trois choses : le maître éternel, le maître en chair et en os, et le maître intérieur.

Le maître éternel est un symbole de la vie que l'on considère comme une image primordiale, une idée, un archétype. Le maître physiquement présent est l'incarnation de cette idée dans la réalité historique. Le maître intérieur, éveillé en un sujet comme une promesse, une expérience et une mission, est la potentialité d'actualisation du maître éternel en une forme vivante.

Le « maître » - qu'il soit une idée, une réalité vivante ou un appel intérieur - « signifie » toujours la VIE faite homme, la vie surnaturelle qui s'engendre elle-même perpétuellement, manifestée sous la forme humaine.

Il n'y a de maître que pour le chercheur inconditionnel de la *Voie* conduisant à cette forme : le disciple. Ainsi il n'existe de maître qu'associé à la voie et à l'élève, au disciple.

Maître - disciple - voie sont une trinité, sous le signe de laquelle s'ouvre la voie vers le mystère, c'est-à-dire vers le royaume qui n'est pas de ce monde. C'est l'agent dans et par lequel l'infini peut prendre forme dans le fini, la vie au-delà du temps et de l'espace s'incarner malgré tous les obstacles et dans toutes les circonstances. Rendre consciente la vie dans son élan vers la manifestation, y voir la finalité de notre mission et marcher méthodiquement sur la « voie », cela n'est possible qu'à l'homme parvenu au degré initiatique de son évolution. Lorsqu'il se reconnaît lui-même en son Etre essentiel comme le but de sa quête, comme ce qu'il lui est donné et demandé d'amener, en ce monde, à la pleine conscience et à une forme, et qu'il éprouve son aspiration à la réalisation de soi-même par l'ETRE comme « demandée - permise - exigée », c'est alors seulement qu'il ressent évidemment son appartenance à la voie et son besoin de maître : il est prêt à devenir un disciple (XI).

L'idée que désigne le mot « maître » est celle de l'*homo maximus,* l'homme universel, dans lequel l'ETRE - la VIE dans sa totalité : plénitude, loi et unité - est manifestée en une forme humaine. Cette vie transcende le monde et, en même temps, elle agit en lui, l'engendre et le transforme. Dans le véritable maître l'élève voit réalisée l'idée éveillée en lui comme la potentialité de ce qu'il espère et veut devenir au moyen de la voie que ce maître lui montre.

Comme le maître, l'élève est sur le chemin de trois façons, comme une idée, une réalité vivante et une réalité intérieure.

LE MAÎTRE INTÉRIEUR

Chaque fois que, dans ce travail commun du maître et de l'élève, l'ETRE entre dans l'existence et que, selon le mode humain, le surnaturel est devenu le monde, cela se passe sur deux plans. Il en est de même chaque fois qu'un disciple passe le seuil de la transformation vers la voie dans la disposition d'esprit qui, petit à petit, lui permet de libérer la vérité qui l'habite et de témoigner toujours davantage de la VIE. Le premier de ces plans est celui du monde extérieur, spatio-temporel, où le maître entre en jeu dans la rencontre entre un homme véritable et un autre, l'élève. Le second est l'espace intérieur du disciple lui-même. Là, le maître ne rencontre pas le disciple du dehors, il est pour lui une instance intérieure. Elèves et maîtres intérieurs, nous le sommes tous nous-mêmes du fait de notre origine non finie. Nous le sommes à cause de notre malaise et par la force de notre Etre surnaturel tendant à la réalisation en une forme existentielle. Ainsi le maître intérieur est la condition préalable de la recherche, de la découverte et de l'action d'un maître vivant.

Celui qui atteint la maturité de la voie et réclame un maître parce qu'il a besoin d'être guidé, mais ne trouve personne autour de lui qui corresponde à son exigence, doit savoir qu'existe en lui l'archétype du maître intérieur, c'est-à-dire lui-même en tant que maître intérieur. S'il ne le possédait pas il ne pourrait pas non plus trouver un maître au dehors. Même s'il le rencontrait, il ne le reconnaîtrait pas. Ce maître intérieur est la potentialité inconsciente de l'homme que l'on pourrait et devrait être et tend à son actualisation consciente. Pressentir, reconnaître et accepter le maître intérieur, c'est-à-dire cette potentialité, suppose un certain niveau d'évolution.

Cela n'a d'ailleurs rien de présomptueux. L'épreuve de la voie qui s'ouvre devant l'élève exige au contraire une authentique humilité. Mais il existe aussi une fausse modestie : elle n'est en fait que la peur devant une grande responsabilité. Elle fait obstacle à l'éclosion du maître intérieur.

Percevoir et reconnaître le maître intérieur comme tendant vers l' « Etre comme Dieu », vers l'appartenance au royaume qui n'est pas de ce monde, est la condition nécessaire pour rendre agissante la force de la voie qui est au-delà de toutes les contingences. On ne pourrait pas dire d'un sujet qu'il a manqué la voie si on ne lui attribuait pas, fondamentalement, la capacité de la suivre. Ce n'est certainement pas le cas pour tous - mais pour chacun de ceux qui ont atteint la maturité que réclame le saut vers le plan initiatique.

Le maître vivant

Le mot « maître « signifie, lorsqu'il s'agit d'une figure historiquement réelle, un homme chez lequel la Vie est pleinement présente. Elle s'est imposée à son expérience et à sa connaissance, elle est là comme une force agissante sous une forme corporelle. Chez le maître, la Vie est, dans l'espace de l'humain, devenue consciente d'elle-même en une vérité vécue, sa liberté créatrice libérée, sa force constamment régénératrice dirigée vers une transformation que rien ne peut arrêter.

Ainsi le maître vivant est une forme parfaite de l'être humain et un accomplissement de la voie, arrivé parce que ne s'atteignant jamais lui-même, ne s'arrêtant jamais car il a abouti sur la voie.

Instrument de la vie supérieure qui le marque de son empreinte, le charge de sa force et le maintient orienté vers elle, le maître est la manifestation du surnaturel dans un homme parvenu à la maturité de l'Etre. Il est au-delà de ce qui gêne l'éclosion de la Vie. Il incarne, bien qu'il reste entièrement homme, un rang au-dessus de l'humain. Sa pensée et ses actes ne sont plus dominés par l'ordre et les exigences sociaux, moraux ou théologiques du monde, car il se trouve dans la liberté du surnaturel. Le maître peut respecter l'ordre du monde, mais il ne lui est pas soumis. Il est donc souvent un élément subversif. La vérité de la vie ne permet le devenu que dans la mesure où il ne contrarie pas le non-advenu. La primauté de l'absolu dans le contingent fait éclater toute forme finie.

Le maître ne correspond pas à la conception idéale de « l'honnête homme ». Il ne coïncide pas avec l'image de ce que l'on doit être selon les valeurs tirées du beau, du vrai et du bien. Ce qui émane du maître est abominable aux yeux du bourgeois et celui-ci est la cible constante des flèches acérées du maître : Le maître n'est pas un élément de stabilité mais une figure révolutionnaire. On ne sait jamais ce qui va se passer. Il est imprévisible et contradictoire comme la vie. Il n'apporte pas la paix mais le glaive.

Le maître est la vie, avec le mourir qui précède une nouvelle vie, dangereux, incompréhensible et dur. L'homme tend vers la sécurité et l'harmonie. Pour qui vit bien installé le maître est alarmant ; il renverse ce qui passe pour solide, détache ce qui se lie. Car il veut aller de l'avant et non se fixer, marcher et non arriver, transformer et non parachever. La vie n'est qu'un passage. Le maître fait de la vie un perpétuel voyage.

L'ETRE se manifeste dans le maître en sa triple unité. Par sa force primitive et sa puissance plus forte que la mort, il incarne la plénitude de l'ETRE. A travers lui, sans qu'il « fasse » quelque chose, agit la loi de l'ETRE, visible dans sa qualité insigne. Et il incarne l'unité de l'ETRE par son union fondamentale avec tout vivant, par la profondeur de son humanité et d'un amour qui n'a plus grand-chose à voir avec un « sentiment ». C'est la marque du degré auquel il est parvenu. Ainsi les trois qualités primordiales de l'Etre essentiel sont le propre du maître : puissance, rang et niveau (III).

LE DISCIPLE

L'éveil à l'état de disciple n'a pas forcément pour origine un grand événement. Le plus insignifiant peut entraîner brusquement un tournant intérieur, car la souffrance de l'Etre essentiel étouffé prépare toujours longuement cet éveil. Plus le malaise est grand, plus la chance est forte de voir un fait anodin amorcer le virage et une circonstance banale faire vibrer les cordes essentielles. Imprévisible, le mystère se fait jour.

L'homme est touché par le grand inconnu. Il en est un instant déconcerté puis, heureux et bouleversé, il se désaltère, pendant une fraction de seconde peut-être, à la source infinie.

Pour qu'il y ait éveil du disciple, pourtant, ce moment ne doit pas se dissiper en fumée. Il faut que l'homme prenne conscience de cette expérience comme d'une promesse, d'un engagement et d'une mission, et qu'il accepte d'obéir à son appel.

Qui donc peut, cependant, se dire disciple ? Celui-là seul que la nostalgie a touché au plus profond, celui qu'une souffrance intense oblige à faire à tout prix la percée s'il ne veut pas succomber.

Seul celui que l'inquiétude de son cœur ne lâche pas tant qu'il n'a pas trouvé sa nourriture.

Seul celui qui, sachant qu'il ne peut plus reculer sur la voie où il est engagé, accepte de se laisser conduire et d'obéir.

Celui qu'une grande confiance rend capable de suivre, même s'il ne comprend plus, et qui se soumet à toutes les épreuves.

Seul celui qui peut être dur envers lui-même et qui est prêt à tout abandonner pour l'UN qui, en lui, tend vers la lumière (VII).

Sur la voie, la direction elle aussi a toujours ses limites, chez le directeur comme chez le dirigé. L'éveil et la percée de l'ETRE restent toujours une grâce. On ne peut pas la « faire », mais on peut la préparer. Elle est bloquée lorsque le guide s'embarrasse d'idées et d'opinions qui minimisent, pour lui ou pour son élève, l'importance et la force fondamentales de l'Etre essentiel, source de vie. Décisif est l'élan de cet Etre essentiel qui trouve accès à la conscience du disciple et fait secrètement progresser sa maturité intérieure. La plupart du temps, d'ailleurs, il trouvera devant lui des portes ouvertes dès lors qu'il sera appelé. Le maître voit en son disciple : à l'éclat de ses yeux, au ton de sa voix, à la fluidité de ses gestes, il devine la particularité et le développement de son Etre essentiel prêt à se manifester à travers sa personne corporelle. Pour le toucher, le faire résonner chez le disciple par son propre Etre essentiel, tout moyen est bon au maître. De cette relation d'Etre à Etre lui vient la richesse et la spontanéité de son inspiration comme aussi la force d'un amour supra-personnel dont le rayonnement et la vigueur appellent constamment l'Etre de l'élève (VII).

Au seuil de la salle d'exercice sont inscrits en grosses lettres les mots *tout ou rien.* En passant ce seuil le disciple abandonne tout. En revanche, il comprend aussi que le maître ne le soumettra pas à une volonté arbitraire. La sagesse qui l'observe et va droit à son Etre essentiel se saisira de tous les moyens pour l'amener à la vie. Car le sens du mourir qui lui est sans cesse imposé n'est pas la mort mais la VIE qui est au-delà de la vie et de la mort.

CHAPITRE VII

MÉDITATION ET VIE MÉDITATIVE

Le sens des exercices de méditation

On pratique de nos jours beaucoup d'exercices qui semblent avoir un caractère méditatif : exercices de relaxation, de silence, hatha-yoga, méditation transcendantale, training autogène, Zazen, etc. Quelle que soit leur étiquette, il faut toujours se demander la raison et le but réels qui poussent à pratiquer ces exercices. En y regardant de plus près on s'aperçoit qu'il s'agit le plus souvent d'un but pratique. Leurs adeptes cherchent à réparer, par ces exercices, le mal causé par une vie trop agitée ou trop dure. Ils sont supposés aider à retrouver la santé et le succès, à redevenir efficace, « fit ». Ils doivent permettre de faire face avec un minimum de difficulté aux exigences du monde, de résister victorieusement à ses agressions, de supporter le stress sans trop de crispation, la hâte et le bruit sans tomber malade, de récupérer après un surmenage, etc. Tout cela est naturel, compréhensible, et peut être utile à condition que l'entraînement à la relaxation ne soit pas destiné - selon les termes d'une personne qui le pratique - « à permettre de reprendre ensuite les tensions quotidiennes sans dommages pour la santé ». Vus sous cet angle, les exercices de relaxation prennent simplement place dans la série des moyens qui semblent être le but de l'industrie moderne : créer de plus en plus de produits qui rendent l'homme capable de continuer sans souffrir à suivre une voie fausse. Faire ainsi de la souffrance une justification de l'erreur, devient diabolique.

Un exercice n'a rien de commun avec la *voie* si l'on remplace, comme c'est généralement le cas, le but *initiatique* par un but *pragmatique,* s'il est pratiqué, donc, pour la conservation de l'homme du dehors et non pour le développement de l'homme du dedans. Avant de s'interroger sur *ce* qui est pratiqué, il faut par conséquent se demander *comment* ces exercices sont faits, dans *quel* but et par *qui.* Ces questions s'appliquent aussi à une forme d'exercice qui se répand toujours davantage : l'exercice du silence.

De plus en plus souvent, des gens se réunissent simplement pour se taire ensemble, pour pratiquer en groupe une assise immobile et silencieuse, par exemple le Zazen, ou bien, sans adopter de posture prescrite, pour s'asseoir silencieusement. Cet exercice peut comporter, ou non, la méditation d'un mot, d'une image, d'une pensée. L'essentiel est le silence.

Sans aucun doute, cet exercice représente quelque chose de particulier, de salutaire au sens profond du terme. Il aide l'homme à retrouver son *intégrité.* Tous les autres exercices de méditation devraient aussi commencer par *l'immobilité du corps.* En être capable peut devenir ici un art dont le sens va bien au-delà du bienfait physique qu'il apporte. Exercice du corps que l'on est, il sert à l'intégration de la personne.

L'endurance à l'immobilité a tout d'abord de très étroites limites. Cinq ou dix minutes paraissent au débutant une éternité. Plus il allonge le temps d'immobilité, plus il approche du point insupportable où il se sent près d'exploser. Il est pris d'une angoisse difficile à dominer ; il se sent aspiré par un vertige qui menace de lui faire perdre conscience. A point nommé, une démangeaison dans le cou, l'envie d'éternuer, une toux incoercible ou une douleur intolérable viennent alors lui permettre d'interrompre légitimement, comme par un réflexe conditionné, une immobilité devenue crampe. Mais, quand l'entraînement a permis de surmonter ces troubles et que le méditant peut demeurer, sans difficulté ni somnolence, presque indéfiniment immobile (il existe aussi un exercice d'immobilité debout dans le hara), l'exercice peut alors, s'il est pratiqué dans une disposition d'esprit juste, être le point le départ d'une action en profondeur. Encore une fois il faut se poser la question : quel est le but poursuivi par l'exercice du silence ? Celui-ci peut avoir trois motifs, humains et très naturels, qui passent pourtant à côté du sens initiatique.

1. La méditation est une simple recherche de silence. On veut *se reposer du « vacarme » du monde,* ou bien aussi atteindre l'état d'esprit qui permettra de faire calmement face à l'existence malgré le bruit, intérieur et extérieur. C'est un désir normal. Sa réalisation ne sert cependant - surtout si elle n'est pas accompagnée d'un assainissement de l'inconscient - qu'à aplanir les difficultés du moi existentiel et à préserver sa façade. Une méditation de cet ordre est inutile à celui qui veut transcender l'horizon du moi. Comme tout ce qui facilite une vie sans problèmes dans le monde, elle peut retarder, voir même empêcher, la percée vers l'autre royaume.

2. L'homme recherche dans les exercices de silence, quelle que soit leur origine, des *impressions agréables.* Il s'agit là encore d'un désir explicable. Pourtant il neutralise le bienfait plus profond contenu dans la méditation exercée selon son sens juste. Sa séparation de l'Etre essentiel fait de l'homme actuel un exilé. Il est donc à la recherche de sa patrie infinie, la véritable. Elle commence au-delà des limites de son existence finie et de l'ordre lié à sa forme de conscience. Lorsqu'il l'aura découverte, alors seulement il la retrouvera également à *l'intérieur* de ces limites. Certes, la présence de cette patrie primordiale peut être vécue aussi comme une qualité de bonheur. C'est pourquoi toutes les méthodes paraissent bonnes pour dépasser les frontières des facultés d'impression profanes. Nous voulons parler ici des « impressions gratifiantes » recherchées aujourd'hui dans la drogue,

le « trip », la danse éxtatique, comme de tout temps dans l'alcool et la sexualité, et maintenant aussi dans les exercices de silence. La lecture d'ouvrages décrivant les pratiques méditatives de l'Orient, ses extases et ses états extraordinaires surtout - Samadi, Satori, etc. - est un des facteurs responsables d'une pareille tentation. Pour les ignorants, ces expériences de béatitude constituent l'attrait capital de la méditation. Ils y voient son sens véritable. C'est pourtant là une lourde erreur.

De même qu'un grand calme *peut* résulter d'un long entraînement, une expérience gratifiante *peut* aussi se produire dans un exercice de méditation, - mais faire de cela le but de l'exercice, c'est passer à côté du sens réel d'une quête qui se situe à un tout autre niveau : celui de l'initiation tendant à une transformation.

3. Une troisième tendance pousse l'homme contemporain vers les exercices soi-disant méditatifs : la recherche de *pouvoirs supérieurs*. « Mais qu'ont-ils à faire avec la *voie intérieure ?* » me répondit un jour un maître oriental à qui je demandais son opinion sur les performances merveilleuses des fakirs. « Il serait étonnant, ajouta-t-il, que des gens qui s'entraînent depuis des dizaines d'années, peut-être depuis l'enfance, dont peut-être même la famille s'exerce depuis des générations à cultiver des "pouvoirs supérieurs" n'arrivent pas à réaliser ces exploits qui, aux profanes, paraissent miraculeux. En quoi cela concerne-t-il la voie intérieure ? Par contre, si quelqu'un progresse sur cette voie, vers des degrés de plus en plus élevés, il deviendra capable de ce qui semble aux autres des miracles. Mais cela n'advient qu'accessoirement, le plus souvent dans le secret. A cela se reconnaît justement le maître. Peut-être se sert-il une fois ou l'autre, consciemment, du miracle pour éveiller l'élève. Mais il y renonce ensuite pour ne pas l'engager sur une voie factice. L'élève y chercherait dès le commencement ce qui est le fruit d'une longue maturation, qu'il peut rencontrer fortuitement mais qui ne lui appartient qu'au bout du chemin. »

Ainsi, des « pouvoirs supérieurs » peuvent se manifester après une longue pratique de grand silence. Les développer ne doit pas être le but de l'exercice car ils le mettraient finalement au service du moi profane, avide de puissance et.. la voie serait manquée. En effet, même si l'homme a l'intention d'utiliser ces pouvoirs à des fins bienfaisantes, ce ne peut être sans dommage « pour son âme » que si son moi s'est effacé devant la VIE.

Ceci n'exclut pas l'utilité, pour la voie même, de pouvoirs tels que la télépathie ou la voyance, par exemple, c'est-à-dire l'exploitation d'un don naturel que certaines gens possèdent plus que d'autres - et qui ont de plus en plus la faveur des services secrets politiques et militaires. La raison de leur utilité, sur la voie intérieure aussi, est celle-ci : la pratique de toute faculté extra-sensorielle implique la suspension temporaire de la conscience « dualiste » qui définit. Vaincre la suprématie de la conscience objective étant une condition essentielle de la progression sur la voie vers l'autre dimension, toute pratique de la conscience non objective peut lui être profitable. Le sens d'un tel exercice est alors non la faculté de voyance ou de télépathie comme telles, mais la réalisation d'une forme de conscience, importante pour l'homme initiatique, favorisant la transparence à la transcendance.

MÉDITATION

La méditation, pratique de la voie spirituelle, ne remplit son office que si elle est un exercice de transformation. Le but de la méditation pratiquée en ce sens est une disposition d'esprit où l'homme entier, esprit, âme et corps, devient transparent à l'ETRE divin présent en son essence, capable d'en prendre intimement conscience par l'expérience et de le laisser se manifester, à travers lui, dans le monde. Le but de la méditation, exercice de transformation, est d'assurer la transparence de la personne à l'ETRE afin qu'à travers elle il puisse résonner (personare) dans le monde. Par la personne, on entend une forme transparente à l'ETRE, l'homme tout entier devenu transparence qui a pris forme, témoignant de son origine divine dans son existence finie.

Au sens originel le terme de méditation désigne un exercice spirituel dans lequel le méditant se concentre sur une pensée religieuse, une image, un passage de l'Ecriture sainte, en un mot sur un contenu objectif donné qu'il considère d'une façon et dans une attitude particulières. La méditation, contemplation objective, c'est-à-dire réflexion intensive et pénétration approfondie d'un « contenu » sera toujours un mode de l'exercice spirituel nommé « méditation ». La question décisive est de savoir quelle est son action.

Si la pratique de la méditation doit faire progresser un sujet sur la voie de son unité avec le grand mystère, il faut se demander, comme pour tout autre exercice, si elle se contente d'enrichir le méditant par une réflexion plus profonde, ou si elle le *transforme* vraiment.

Ici se pose la question suivante : comment est-il possible qu'un homme, un moine par exemple, médite « objectivement » pendant des années sans en être réellement changé, c'est-à-dire sans parvenir à percer jusqu'à l'ETRE ? Comment, d'autre part, un sujet qui médite sous le signe de la transformation et dont la méditation va au-delà de la phase de concentration objective peut-il être modifié au point qu'une pierre, posée devant lui, commence à rayonner par le dedans lorsqu'il ouvre les yeux au sortir de la méditation ? Pourquoi ? Parce que, en se libérant de tout le donné objectif - c'est-à-dire venu du « dehors » - son œil intérieur, l'œil de l'Etre essentiel, s'est ouvert. Qu'est-il donc advenu ici ? Rien d'autre que ceci : grâce à la transformation opérée chez le méditant, un objet, une pierre, rayonne par la nature essentielle cachée dans son état d'objet. La même chose peut se passer pour un tableau, une phrase sainte. Cela signifie aussi qu'opposer, en un antagonisme irréductible, la méditation objective et la méditation non objective, c'est partir sur un malentendu. Il n'est pas justifié non plus de considérer la méditation non objective, celle qui passe par le vide, comme purement « orientale ». De même, demander à la méditation chrétienne une concentration ininterrompue sur un objet, est aussi une position fausse. Bien au contraire : si le but de la méditation chrétienne, et de toute l'attitude chrétienne en soi, est de découvrir et d'*identifier* dans la création, qui nous est donnée et confiée, et à travers l'objectivité du monde qui nous entoure, la présence cachée de Dieu, cela n'est possible que par un mode d'entendement où celui qui perçoit parvient à ce qui est caché sous la surface des phénomènes. Par ce qui transparaît sous le voile du mystère, il approche l'Etre essentiel, éternellement non objectif, le « Verbe » du donné objectif. Pour qui éprouve cette expérience, ce donné est libéré de la prison de son enveloppe objective en devenant transparent à son noyau véritable. Mais pour l'œil ordinaire, pour celui qui voit objectivement, cela est impossible.

Tant que l'homme ne se dégage pas de sa forme de conscience naturelle objective, celle dont il a besoin pour faire face à sa condition dans le monde mais qui, si elle règne seule, l'empêche de percevoir le surnaturel dans les choses, il ne peut pas les approcher d'une façon vraiment « chrétienne », par la perception du VERBE en elles. La « rencontre réciproque in Christo » reste alors, soit une exigence irréalisable, soit une formule creuse. Atteindre l'essence dans les objets n'est possible que si, vidé lui-même de tout contenu, affranchi de tout quelque chose - images pensées, désirs, représentations - l'homme devient réceptif à l'action de « l'Esprit Saint », celui qui prépare et qui ouvre les yeux. Parce qu'aujourd'hui on comprend cela, les exercices de silence du Zen, le Zazen, prennent de plus en plus d'expansion. Le vide cherché à travers eux n'est pas un privilège de l'Orient. La seule différence est que leur finalité est, pour les bouddhistes, la rencontre de l'Etre essentiel (appelé nature de Bouddha) et la fusion avec lui. Pour le chrétien, par contre, c'est l'expérience de l'ETRE dont il doit aussi témoigner dans le monde, c'est-à-dire qu'il doit découvrir et libérer pour en faire son principe de vie, d'amour, de création (VI). La fusion avec l'ETRE est alors une étape et non la fin du chemin.

Sur cette voie, deux citations pourraient nous accompagner. L'une est d'un maître oriental, l'autre de Novalis. Interrogé sur la spécificité de la sagesse orientale, le premier dit : « La sagesse contemple le dedans, le savoir ordinaire le dehors. Mais quand on regarde l'intérieur de la même façon que l'extérieur, on fait du dedans un dehors. » Nous n'attacherons jamais assez d'importance à cette remarque. Regarder « l'extérieur » c'est justement voir « objectivement ». Ce que transmet la véritable sagesse ne s'ouvre que « du dedans », quand on ne le cherche pas a priori objectivement. Il faudrait compléter cette pensée ainsi : Nous devons apprendre à contempler le dehors comme on *devrait* regarder le dedans - intérieurement et inobjectivement - afin que dans les objets leur nature essentielle devienne visible. Il s'agit donc d'un intérieur dans l'extérieur, d'un au-dedans présent dans tout au-dehors. Le regard doit alors saisir par l'intérieur ce qui est à l'extérieur.

Novalis dit : « Tout visible est un invisible élevé au niveau du mystère. » On pourrait faire une variante et dire : tout audible est un inaudible élevé au niveau du mystère. Tout donné spatio-temporel est un au-delà de l'espace et du temps élevé au plan du secret. Tout ce qui est profane et fini est un supranaturel élevé au plan du mystère. Et sa nature infinie élève justement l'homme à ce mystère. Voici encore un admirable passage sur la prière, et si vrai : « *La prière exprime une aspiration infinie de l'être fini vers son origine infinie.* » Aussi vrai et aussi impérieux est ce que sa vocation exige de l'appelé : chercher l'infini dans le fini, le trouver et l'attester. Le but de la grande méditation et de la vie méditative qui en est inséparable est la transformation vers l'attitude qui rend l'homme capable de cela.

LA VIE MÉDITATIVE

Témoigner de l'infini dans le fini implique une connaissance intérieure qui ne s'acquiert que par une attitude fondamentalement méditative : le « monde » entier que nous observons, et nous-mêmes en son sein, peuvent être perçus comme une tentative infinie de l'infini pour apparaître dans le fini. Chaque chose, chaque fleur, chaque arbre, chaque animal, chaque être humain tel qu'il est et vit déborde de la force de la VIE qui tend sans cesse à éclore en lui, à y apparaître en une forme particulière. A n'importe quel moment, une heure lumineuse à la fois bouleversante et bienheureuse peut faire éprouver à celui qui s'éveille à l'ETRE la certitude qu'il a part, lui aussi, à cette VIE. Par elle le divin même, présent en lui, voudrait s'engendrer d'une manière humaine unique. Quel serait donc sans cela le sens d'*expérience,* de *promesse* et de *vocation* possibles du principe selon lequel nous *sommes* enfants de Dieu ? Comme enfants de Dieu, nous sommes *nous-mêmes* à la fois quelque chose de tout à fait autre que le monde et aussi la VIE qui y prend forme. Nous ne sommes pas opposés à elle mais appelés au contraire à témoigner nous-mêmes, par elle et en elle, de ce « tout autre » qui, d'abord tenu voilé, est destiné à être manifesté. Pour celui qui est éveillé à la voie ce n'est pas un pieux aphorisme mais un savoir brûlant qui anime de sa pulsation ses jours et ses nuits, une expérience, une promesse, une mission.

L'infini inné en nous, tendant à paraître dans le fini, est notre véritable centre. Nous *ouvrir* à lui, conserver son contact et en vivre dans le monde, au milieu de ce qui nous le cache, tel est simplement le sens de la vie méditative. Elle ne se limite pas à un exercice spécial, à l'assise silencieuse de la méditation. La vie méditative ne se distingue pas de l'être-dans-le-monde non méditatif, comme une non-action se distingue de l'action. Ele apparaît bien plutôt comme un non-agir dans l'action, un calme contact constant et une responsabilité vis-à-vis de l'ETRE, même au milieu d'une bruyante activité. Ainsi seulement peuvent être aussi des activités méditatives le tir à l'arc, la sculpture, le travail du bûcheron. Comme le dit un vieil adage bouddhiste : « toute situation devient la meilleure des occasions » de témoigner sa fidélité à l'ETRE au sein de l'existence, de telle sorte que « chaque instant soit vécu comme une parcelle d'éternité ».

LES CINQ DEGRÉS

Quand l'élève sur la voie initiatique parvient à se percevoir dans son corps d'une façon juste, qu'il a reconnu le centre de gravité et le rapport exact tension-détente, qu'il comprend et sait accepter la respiration juste, il est capable, à travers son corps, d'entreprendre la transformation qui est le but de la voie, celle qui mène à la *forme transparente* à l'ETRE. C'est aussi le vrai but de tout exercice spirituel et, en particulier, de la méditation.

L'expérience enseigne que la forme de personne dont il s'agit sur la voie initiatique résulte d'un mouvement de métamorphose qui, en schématisant, s'accomplit en cinq degrés.

1. Le premier consiste à s'affranchir de la suprématie du moi profane, attaché à ses positions. Ceci exige d'abord un abandon de tout ce qui est lié au moi orienté vers le monde, de tout ce qui le retient. L'homme doit se dessaisir de son ordre et de ses représentations théoriques et éthiques. Il doit renoncer à sa volonté propre et aussi à ce cœur dont l'amour consiste à ne pouvoir se détacher. Après ce *lâcher-prise* (pour le corps cela signifie se lâcher « en haut ») il faut *s'établir* ailleurs (pour le corps dans le bassin). Ce nouvel appui aboutit à un accord, à une confiante union avec la « profondeur ». Cette profondeur à laquelle l'homme doit s'abandonner, il ne la reçoit que s'il est dans le *hara*. Hara signifie alors aussi le bassin, la

coupe qui recueille. Elle transforme à la fois ce qui est abandonné et celui qui s'abandonne.

Le mouvement de transformation qui s'accomplit dans le hara comporte lui-même trois étapes : 1° il recueille celui qui lâche prise dans la *coupe maternelle ;* 2° l'ouverture du bassin vers le bas permet l'afflux des forces cosmiques qui purifient de tous les contenus objectifs et réalise l'union avec la grande nature. C'est la fonction du hara en tant que *coupe cosmique ;* 3° le fait de se libérer de toutes choses développe de nouveau la coupe orientée vers le haut, la *coupe virginale.* Devenu intimement conscient de cette coupe, l'homme s'ouvre à l'action de « l'Esprit Saint ». Ces trois étapes d'évolution du hara, de la coupe maternelle à la coupe virginale en passant par la coupe cosmique, forment ensemble le premier degré du mouvement de transformation initiatique tel qu'on l'exerce dans la pratique méditative de l'assise visant à obtenir le vide intérieur.

2. Le second degré est l'expérience de l'afflux de l' « esprit spirituel », c'est l'expérience d'une clarté qui donne à tout un ordre nouveau. Elle apporte les germes d'une autre forme de vie et la fusion avec l'esprit qui transcende l'ordre, les images, les idées, les représentations habituelles.

3. Le fruit de cette fusion du « ciel et de la terre » est - et ainsi se franchit le troisième degré - l'expérience de la *renaissance comme enfant du ciel et de la terre.* Le lieu de cette expérience est le cœur. Non pas le cœur situé « à gauche », incapable de se détacher, mais le cœur du centre qui incarne l'homme libéré devenu lui-même. Lorsque se produit cette expérience, il semble qu'avec elle le sommet du possible soit atteint. L'homme se sent renaître en un véritable *enfant* de Dieu, parvenu à lui-même dans l'ETRE. Combien explicable donc qu'il soit animé du désir de rester seul, préservé des troubles d'un monde opposé au surnaturel ! Pourtant quelque chose d'autre est exigé de lui justement ici. Car cette expérience de

transformation ne fait pas encore un homme transformé, d'une illumination ne naît pas encore un « éveillé ».

4. Dépouillé, faible comme un nouveau-né, l'homme est encore incapable de remplir sa tâche dans le monde - un ange n'a jamais encore transformé l'univers. Pour arriver à se comporter en « enfant de Dieu » dans le monde, il doit maintenant - et c'est le quatrième degré - travailler méthodiquement à se transformer. Ceci implique son retour au « monde » et le risque de voir détruire ce qu'il vient de gagner. Il lui faut, métaphoriquement, accepter le combat avec le dragon et, plongé dans son sang, s'endurcir en vue de la lutte contre toutes les formes de l'ennemi. Les « ténèbres » que doit défier ce nouveau-né, cet éveillé à l'Etre, comprennent aussi sa propre ombre. Nulle part l'homme ne rencontre aussi inéluctablement, et avec une aussi cruelle précision, l'obscurité de son âme que dans le miroir de la lumière divine qui vient de se lever en lui.

5. Le fruit de cette intégration du « monde des ténèbres » du quatrième degré, de la « quaternité » (C.G. Jung) est la cinquième étape, la quintessence, la rencontre du cœur *fortifié* avec les ténèbres « extérieures » et « intérieures ». Ainsi, pour la première fois, l'homo faber au plus haut degré de qualité devient apte à remplir sa mission de témoin de l'ETRE dans l'existence. Le chemin initiatique aboutit, pour le chrétien occidental, non pas à la dissolution dans le Tout mais, à travers lui, à la personne intégrale, libérée de la fascination du moi et capable de manifester, selon son mode individuel, son origine divine [1].

1. Cf. J.W. KLEIN, *Ihr seid Götter*, Neske Verlag, 1967.

CHAPITRE VIII

LES DOMAINES DU TÉMOIGNAGE

Le quotidien comme exercice

Le principal champ d'activité s'ouvre sur la voie initiatique dès que, sa décision vraiment prise, l'homme est prêt à mener dans le monde une vie conforme à sa destinée, c'est-à-dire au service de l'Etre surnaturel. Il doit dorénavant affirmer dans son existence finie son Etre infini. Il doit avoir compris qu'il n'y a de salut pour lui que dans la fidélité à ce service. Tant que la sécurité, le bonheur et son activité dans le monde sont ses raisons de vivre, il ne peut trouver le chemin juste. Lorsqu'en *toutes choses* il ne se soucie plus que de connaître et de servir la manifestaion de la Vie dans le monde, alors seulement il arrive à la voie. Le quotidien tout entier devient champ de pratique de cette voie. Mais on la manque si l'on y cherche encore en quoi que ce soit son propre intérêt : des pouvoirs supérieurs, par exemple, ou des impressions gratifiantes, même la détente, l'harmonie et son propre bien-être. De même aussi lorsqu'on travaille à réaliser une œuvre sans rapport avec l'Etre.

Le quotidien comme exercice implique constamment les retours sur soi-même et la conversion, le détachement du monde et l'accueil de l'Etre essentiel. Et quand il nous arrive de percevoir le noyau le plus intime de notre Soi et l'éclosion de l'Etre en lui, alors nous sentons aussi la nature profonde des choses et partout, au sein de l'existence profane, nous rencontrons l'Etre.

Lorsque l'Etre essentiel pénètre notre intime conscience, nous nous sentons autres. Détachés et libres, pleins de force, limpides, chargés de la vie régénératrice. Ce qui, auparavant, nous était fardeau s'allège. Ce qui nous plongeait dans le désespoir perd de sa nocivité. Ce qui était dissimulé paraît maintenant s'ouvrir. Notre pauvreté devient richesse. Au milieu du tumulte il y a en nous une paix et un calme singuliers. Une clarté invisible nous enveloppe de sa lumière et de sa chaleur et nous nous sentons environnés d'un rayonnement qui transparaît à travers toutes choses. Tout cela peut survenir en un éclair et disparaître aussi vite. Nous ne pouvons ni le provoquer ni le conserver. Pourtant, si notre oreille est assez attentive, nous prendrons intérieurement conscience des attitudes qui empêchent ces expériences comme aussi de celles qui les préparent. Nous devons nous y exercer non pas à certaines heures, mais tout le jour.

Le monde où nous vivons n'est pas une vallée de larmes qui nous tient éloignés du sommet du divin, il est le pont qui nous y relie. Il nous suffit de percer le brouillard de la conscience qui le cache à notre vue et d'abattre les murs qui en barrent le chemin. C'est le but du quotidien vécu comme un exercice. Cela n'exige guère de temps. Chaque instant nous appelle à réfléchir et à nous surveiller. Et il n'existe aucune occupation, quel que soit son objet, qui ne contienne une chance d'avancer toujours plus profondément dans la vérité. Quoi que nous fassions : marcher, être debout ou assis, écrire, parler ou se taire, attaquer ou se défendre, aider ou servir autrui, quel que soit notre travail, - tout et chaque chose renferme en soi la chance de pratiquer un maintien ou une attitude qui crée ou affermit le contact toujours plus étroit avec l'ETRE, et sert ainsi le progrès vers la *transparence* à la *transcendance*.

Lorsque le quotidien est vécu comme un exercice, la « roue de la transformation » ne cesse pas un instant de tourner. De même chaque exercice spirituel, s'il ne passe pas à côté de son but, avance vers les cinq degrés, selon la même loi : 1° maintenir la vigilance critique, 2° lâcher et abandonner ce qui fait obstacle à la transparence ; devenir un avec la profondeur qui transforme ; 4° renaître par l'image innée qui s'élève d'elle ; 5° la manifester et la confirmer dans le quotidien (la vigilance exerçant là encore sa critique à l'égard des échecs).

Chaque fraction de ce cycle joue son rôle propre dans la genèse d'une attitude qui fait progresser l'élève dans la transparence à l'ETRE. Aucune étape ne doit être omise. Bien que chacune d'elles garde son sens spécifique, si elle est vraiment accomplie elle renferme toutes les autres. Le débutant - et qui ne le reste tout au long de sa vie ? - fera donc bien, dans le quotidien ou aux heures particulières d'exercice, de mettre l'accent tantôt sur une étape tantôt sur une autre. Une chose doit cependant rester toujours présente à son esprit : il ne changera que si la roue de la transformation tourne sans interruption. Chacune des étapes porte son fruit à l'intérieur du mouvement constant de cette roue. Mûrir est une perpétuelle conversion.

La force de ce cycle éternel de révolution ne vient jamais de l'événement dans lequel l'ETRE nous a saisis à un moment déterminé de libération et d'engagement. Il s'agit bien plutôt de reconnaître et de ressaisir toujours le sens de l'élan qui nous fait témoigner de l'ETRE dans l'existence et d'y acquiescer par une décision constamment renouvelée, enracinée dans la conscience et la volonté. Seule cette fidélité à la « transformation ininterrompue » apporte la vigilance efficace essentielle, le lâcher-prise, l'abandon, l'union, la renaissance et le témoignage de l'ETRE dans le quotidien (VI).

Le sens du prochain

L'ignorant demande souvent si la voie où l'homme « tourné vers l'intérieur » s'efforce sans cesse de se trouver et de rester en contact avec son Etre essentiel ne l'enferme pas en lui-même. Ne cesse-t-il pas alors de s'intéresser à ce qui se passe autour de lui en perdant de vue, plus ou moins égoïstement, son prochain et la communauté ? La question, à elle seule, dénote l'inexpérience.

« L'Etre essentiel » qui, sur la voie initiatique, occupe le centre de la conscience responsable n'est pas cet « ego » dont le « je suis moi et je veux le rester en me distinguant des autres et par opposition à eux » le sépare de tout. C'est au contraire le mode humain qui fait participer le sujet à la totalité du Un vivant. Ainsi s'éveille, justement, dans la mesure de l'éclosion de l'Etre essentiel dans la conscience intime et par la fusion avec lui, une relation de lien, de réciprocité et de don au prochain et au monde. Cela, bien entendu, sur un plan nouveau, sur le plan initiatique. L'engagement sur la voie implique certainement une conversion totale, un tournant « vers l'intérieur » qui fait peut-être, pour un temps, rechercher la solitude. L'éternel malentendu est de croire que la grande conversion aboutirait à une personnalité égocentrique et sans amour pour le monde. Par contre, un matérialiste convaincu peut se réaliser dans le service désintéressé de la société, chercher à obtenir le maximum de sécurité et de bien-être pour le plus grand nombre de gens, donc faire humainement beaucoup de bien, sans avoir le moindre lien avec la voie intérieure au sens initiatique. Que le mode d'existence de cet homme manifeste *aussi* une « éthique » ne signifie pas que celle-ci caractérise son Etre essentiel. Bien compris, le christianisme ne se limite pas à un travail social parfait et le sens de la croix du Christ n'est pas celui de la « Croix-Rouge » érigée en but de la vie.

Lorsqu'un homme s'engage sur la voie initiatique, c'est-à-dire lorsque, à cause d'une expérience de l'Etre, il saisit soudain ce qui est le plus profondément exigé de lui, sa vie entière change. « L'élève sur la voie » est devenu un autre, il voit la vie avec d'autres yeux et d'une façon différente - ce qui l'entoure autant que lui-même. Toute chose tire son sens et son importance de sa relation à l'Etre. Ainsi les liens, les amitiés, les attachements de longue date sont en grande partie remis en question, - la famille, les liens du sang, les communautés profanes perdent leur poids d'obligations indiscutables. Celui qui est touché et appelé par l'Etre essentiel gravite désormais autour d'un autre centre et il se retire de tout ce qui, comparé à ce centre, lui semble périphérique. Il apparaît alors aux autres singulièrement changé, infidèle et peut-être plus tout à fait normal. Pour celui qui a une fois perçu la double origine de son humanité et éprouvé son origine céleste comme une promesse, reçue et acceptée dans un engagement, la relation au prochain et au monde se modifie profondément. Il partage moins qu'auparavant avec les autres les joies et les peines de *ce monde,* mais il leur est lié fraternellement sur la *voie* du royaume qui n'est pas de ce monde. De ce fait, il se trouve avec l'autre et pour l'autre sur un autre plan, celui de l'expérience et de la promesse. Sa mission est d'en témoigner en ce monde, dans la vie en commun. L'amour du prochain prend un autre sens quand « l'origine céleste » de l'homme quitte le domaine de la simple croyance.

Celui qui vit sous le signe de la voie entraîne irrésistiblement ceux qui se trouvent aussi en quête. Car sa façon de réagir à ce qu'il rencontre, d'engager la conversation sur un sujet et non sur un autre, sa manière de poser des questions, attirent l'attention spontanée de son interlocuteur vers ce qui, « au fond », lui importe aussi et dont il prend alors conscience. Bien vite l'un se trouve amené à suivre l'autre et ceux qui cherchent la voie deviennent bientôt des compagnons de route.

Le prochain ! Ce mot sonne mal dans les « temps modernes » qui approchent de leur fin. Il était, et il est encore, en contradiction avec un monde sans âme, dominé par la raison, dont l'esprit dur et pratique ne laisse guère de place au sentiment. Pour la froide pensée de notre temps, « l'amour du prochain » a quelque chose de trop chaleureux, de tendre, qui évoque la miséricorde. Cela signifie quelque chose comme « charité » - un mot qui crée du malaise ou des remords. Aux uns il rappelle une chose qu'ils devraient pratiquer mais qu'ils négligent.

Les autres ne veulent pas de la charité, ils veulent seulement ce à quoi ils ont droit. Mais, en son sens renouvelé, « l'amour du prochain » s'incline devant « l'autre » en son Etre essentiel.

L'homme est fait pour le dialogue. La vie humaine se déroule en appels et en réponses. Mais à quel niveau ? se demande-t-on. Qui appelle et qui répond ? Lorsque l'homme se redécouvre lui-même dans son Etre essentiel, c'est-à-dire sur un autre plan, il trouve aussi en son prochain un partenaire et une mission, un compagnon de route et un frère sur la voie. Pour celui qui ne la connaît pas, appels et réponses se situent au seul niveau du « monde », de ses désirs et de ses besoins. Mais que cette relation appel-réponse soit éternellement ordonnée et subordonnée à l'appel de Dieu : « Où est-tu Adam ? » et que ce soit seulement par la réponse à cet appel que l'homme devienne pleinement homme et « prochain », - seuls le reconnaissent ceux dont l'oreille intérieure s'est ouverte. Pour que cette relation - d'homme et de prochain - soit juste et féconde au sens le plus profond, la vie surnaturelle doit être le facteur qui lui donne son sens et sa direction. Car la vie dans l'amour du prochain ne peut se réaliser totalement que si l'on découvre son vrai sens : dégager dans l'autre - au milieu du monde - le surnaturel, c'est-à-dire l'amour. Un amour qui, au service de l'ETRE, libère, exige et fait progresser. Certes, cet amour n'est pas « aimable ». La vie surnaturelle et ses témoins sont tout autre chose que cela.

Au niveau de l'homme naturel, un comportement d'amour du prochain consiste à aider l'autre à contenter, en une forme correspondant au moi profane naturel, les trois tendances fondamentales qui sont la sécurité, le sens et la protection. Cela suppose que l'on aide autrui à s'assurer une situation raisonnable au service de la société, à le réconforter s'il est en difficulté, à lui trouver une protection dans le milieu aimant de la communauté. Tout rôle et toute situation dans lesquels les hommes se rencontrent offrent l'occasion de remplir ce devoir de solidarité humaine dans l'existence profane. Il suffit d'en avoir le sens.

Mais, de même que l'homme n'est pas identique à son moi existentiel et ne devient vraiment lui-même que par le premier contact conscient avec son Etre surnaturel, le sens authentique du prochain n'est lui aussi réalisé que s'il s'affirme sous le signe de cet Etre. Nous devons distinguer nettement entre le devoir de solidarité humaine qui nous incombe du fait de la condition et des besoins de l'autre en tant que moi existentiel soumis au destin, et le devoir d'aide à son Etre essentiel, source pour lui à la fois de souffrance et de promesse, étouffé et refoulé par le moi. Ainsi avons-nous à l'égard d'autrui deux espèces d'obligations : l'une concerne le compagnon de destin, l'autre le frère.

L'amour du prochain, au sens le plus élevé du terme, consiste à nous reconnaître et nous considérer les uns les autres dans la vérité de notre origine divine. Cet amour, placé sous le signe de la sainteté, c'est-à-dire d'un esprit initié au surnaturel et à sa lumière intérieure, peut aussi être ferme et dur. Il détruit les belles apparences qui, sous prétexte de préserver une vie harmonieuse et sans conflits dans le monde, empêchent la manifestation du surnaturel (X).

VIEILLIR

D'une manière générale, chez l'homme soumis aux intérêts, aux soucis et aux obligations du monde, le surnaturel ne pénètre qu'aux heures de silence, ou bien encore il apparaît - ou on l'appelle - dans les situations extrêmes. Lorsqu'on vieillit d'une façon judicieuse les mailles du filet qui retient dans le commerce du monde se relâchent. Ce qui auparavant paraissait secondaire, ou ne survenait qu'à de rares intervalles, s'impose alors de plus en plus comme l'essentiel - à condition que l'homme vieillissant soit capable de lâcher prise et d'accueillir ce qui l'attend.

Ainsi la double origine de l'homme se manifeste particulièrement lorsque le fait d'avancer en âge ne représente pas un vieillissement mais une maturation. Avec l'union à l'Etre essentiel, le contingent spatio-temporel perd de son importance tandis que s'accentue celle de l'au-delà du temps et de l'espace. Pour l'homme engagé sur la voie, le surnaturel apparaît de plus en plus nettement à travers la paroi toujours plus ténue de l'existence. A la façon de considérer la vie, d'accepter avec calme ce qu'elle apporte et de saisir en toute situation la chance de témoigner d'un sens plus élevé, on voit qu'une VIE tout autre, plus haute, est en train de gagner du terrain.

Partout où la vie est encore saine ou l'est redevenue, elle est transparente à une Vie supérieure. Cette transparence à ce qui, en nous, tend à manifester l'ETRE divin est la finalité de toute évolution spirituelle. Elle devient pour l'homme vieillissant, s'il conserve sa maturité, le but véritable et enfin unique de son existence.

Avec l'âge, l'intérêt comme aussi la dignité d'un homme ne dépendent plus d'une activité tournée vers le monde mais de la transparence à l'ETRE divin qui l'habite. Il brille à travers lui comme une lumière intérieure faite de force surnaturelle, de sagesse et de bonté. Sans que cet homme agisse, au-delà de toute action ou non-action, émane de lui le rayonnement d'une humanité parvenue à sa maturité.

Une vie ne peut s'accomplir, en son sens le plus profond, que si jusqu'au bout elle reste un enrichissement et une maturation. En revanche, tout arrêt, tout maintien tenace du devenu, de certaines idées que nous nous faisons de notre vie et de son but en particulier, nous ferme à ce qui, venant de notre Etre profond, cherche à se faire jour en nous et à travers nous. Le fait de s'endurcir contre l'aspiration de son propre cœur entraîne une irrémédiable angoisse et la vie s'achève dans une amertume sans espoir. Lorsqu'un homme accepte de vieillir, qu'il reste jusqu'à la fin prêt à se transformer, il sent que l'affaiblissement de ses forces naturelles peut faciliter en lui l'éclosion du surnaturel. S'il lâche prise et s'y abandonne, la voix intérieure d'une Vie plus haute lui parlera et, quand il saura l'écouter, il sera comblé par cet accent nouveau de la vie. Lorsque le cœur se défait de toutes les choses auxquelles il tenait, il commence à découvrir une plénitude et une force qui ne sont pas de ce monde. Malgré la pauvreté, la maladie ou la solitude, ce secret apporte richesse, appui et protection. L'entourage s'étonne alors de voir le vieillard changer et s'éclairer singulièrement. Au lieu de devenir dur, amer et fermé, d'être à lui-même et aux autres un fardeau, il gagne de plus en plus en gaieté et en bienveillance. Que voyons-nous s'exprimer ici ? Cet homme a réussi à dépasser la nature profane enracinée dans son origine terrestre - inévitablement affligée de voir décliner sa petite existence. En prenant intimement conscience de l'Etre surnaturel qui manifeste son origine céleste et se fait maintenant jour en lui, il devient un autre homme, bienfaisant à lui-même et aux autres. Grâce à ce témoignage de l'ETRE divin et de sa présence intérieure, l'âge se parfait en une humanité mûrie. Elle porte des fruits de bénédiction qui, sans effort, spontanément, se détachent de lui comme un fruit mûr tombe de l'arbre. Ce fruit est l'œuvre secrète de la voie intérieure.

Toute la réalité de ce monde, dans la mesure où l'homme la saisit et la maîtrise, n'est que le « profane », le vestibule du temple d'une réalité plus profonde. La réalité qui s'ouvre maintenant à nous ne se soumet pas comme le monde se soumet à l'esprit qui a surmonté sa dépendance vis-à-vis de la nature primitive. De la vérité nouvelle, c'est *nous* qui sommes cette fois les sujets. Cependant, si nous nous montrons *ses* serviteurs, elle fait de nous, dans un sens entièrement nouveau, les maîtres de ce monde. Elle nous rend aptes à le percevoir autrement : au milieu des intérêts et des soucis qui éloignent de Dieu, la vérité se reconnaît alors elle-même dans notre Etre essentiel et crée en nous les conditions qui permettent au surnaturel de prendre forme.

L'homme vieillissant vit orienté vers la mort. Sa manière de l'accepter révèle son degré de maturité.

La venue de la mort annonce l'approche *de la Vie* d'où nous venons, à laquelle nous retournons et qui, même pendant le temps de notre existence, ne nous a jamais écartés d'elle. Mais ce qui, durant la vie, touchait le plus souvent notre seul inconscient tend, l'âge venant, à pénétrer toujours davantage notre conscience. Et c'est vieillir bien que d'accueillir cette prise de conscience. A la fin s'illumine de plus en plus le but de la forme terrestre : être l'instrument qui, même dans son opposition avec l'ETRE, l'amène à s'exprimer.

LE MOURIR ET LA MORT

La façon de mourir dépend de la manière dont on a vécu. Les morts sont aussi différentes que les vies car l'attitude devant la mort reflète l'attitude devant la vie. Quand celle-ci touche à sa fin, ce qu'un homme entendait par « vie » devient apparent et l'on peut observer si, en fin de compte, il l'a vécue selon son origine céleste ou selon son origine terrestre.

S'il pense que la vie dans l'espace et le temps est tout, sa souffrance n'a pas de sens et la mort est seulement l'ennemie. Il a peur d'elle. Mais si, à travers cette vie dans l'espace et le temps, il a déjà appris à pressentir l'autre vie, la vie surnaturelle, l'existence dans le temps sera déjà une confirmation de la VIE qui *est,* dans et au-delà de tous les temps, au-delà de la vie et de la mort. L'existence tend vers la VIE qui transcende la mort. Pour que cette VIE naisse en lui, cependant, l'homme doit laisser s'éteindre sa vie dans le temps. Il en est déjà ainsi pendant l'existence et c'est le véritable sens de tout mourir, de la mort physique aussi. Dans la conscience de l'être humain, la VIE croît, à travers la vie et le mourir, dans la mesure où la conscience se dégage de sa perspective existentielle.

Par son origine céleste, l'homme appartient à la VIE qui est au-delà de cette existence intimement habitée par la mort. Le tourment que lui causent ses limites éveille chez l'homme la conscience de la VIE transcendante et celle-ci devient en lui consciente d'elle-même. Il faut d'abord le travail de défrichement de la souffrance pour que l'homme acquière la force d'être, dans l'espace et le temps, le témoin de cette VIE. Et le plus grand témoignage apporté par l'homme à la VIE est la lumière qui éclaire son trépas.

Le moi élémentaire manifeste encore beaucoup de force dans l'agonie. Arrivé au bout de sa carrière, il rassemble toutes les énergies de la nature pour s'y maintenir. Bien souvent, ce combat de l'agonie n'est pas épargné à un homme pourtant tout à fait prêt à mourir. Mais justement lorsque la révolte contre la mort est violente, l'anéantissement du moi peut faire apparaître la VIE supérieure d'une façon toute particulière. Parvenus à la frontière, nous sommes alors proches, tout proches, de ce qui est au-delà. Dans les ténèbres de la fin, la clarté d'une aube peut alors nous atteindre et, au terme douloureux du fini, l'infini nous dérobe à tous les tourments.

Quand, avec compassion, le guide spirituel s'engage dans l'assistance du mourant, il reconnaît en lui son prochain marqué par la mort. Avec lui, il souffre dans son moi existentiel et il craint la mort. S'associant fraternellement au mourant dans la détresse de l'agonie, il l'aide, sans timidité, avec une grande confiance, à se libérer de tout ce qui lui pèse. Celui qui va mourir doit pouvoir s'exprimer librement, confesser ce qui l'inquiète, demander ce qu'il souhaite. Si le compagnon et guide s'ouvre, très simplement, avec un sentiment d'amour du prochain - parfois en parlant de sa propre détresse ou de ses propres fautes -, il facilite au mourant le détachement de tous les liens qui, jusqu'à la fin, le tiennent prisonnier de son « prétentieux » moi profane. Il le soutient dans son renoncement à la folie qui le pousse encore à passer « noblement » le seuil de la mort. Ainsi l'assiste-il au moment où, entrant dans la vérité, il doit se défaire de toutes les apparences pour accueillir, nu et dépouillé, le grand inconnu qui, inéluctablement, s'avance vers lui.

Mais celui qui accompagne le mourant peut faire encore un pas de plus, se joindre à lui d'essence à essence, comme à un frère ou une sœur dans l'ETRE. Il ne faut pas qu'il soit retenu par des sentiments de pitié devant l'angoisse de la mort. Mais il ne doit pas non plus donner un témoignage impersonnel des promesses de la foi et éluder ainsi la détresse personnelle. Les yeux fixés sur l'Etre essentiel de l'autre, avec foi et affection mais aussi avec fermeté, il lui faut le rappeler à lui-même, le maintenir, en silence peut-être, dans les limites de la vérité et le fortifier afin que la vision du Tout Autre l'aide à supporter la douloureuse destruction d'un moi qui souffre les dernières affres de l'inévitable arrachement. Cette aide peut faire briller sur la fin de l'existence en ce monde la splendeur de la vie surnaturelle.

Assister à l'anéantissement du moi d'une façon conforme à l'Etre essentiel impose au guide spirituel le plus extrême effort. A la fin de sa vie comme en son commencement l'homme a besoin qu'on l'aide à naître. Ce soutien ne peut le dispenser ni de la naissance ni de ses souffrances. Il peut seulement contribuer à créer les conditions qui amèneront à la lumière le fruit de ce corps, devenu réceptif dans le mourir et peut-être maintenant béni. Il faut ici faire preuve d'un amour supérieur, supra-personnel. Le guide spirituel doit renoncer aux petites marques d'affection qui expriment la pitié terrestre. Il y a un amour qui, en ce monde, guérit les plaies, délivre des soucis et sèche les larmes. Il ment aussi, affectueusement, pour éviter ou soulager les peines. Cet amour-là n'a plus sa place ici. Il ne faut pas épargner au mourant l'épreuve de la vérité. La vérité est toujours moins terrible que l'appréhension qu'elle suscite. Et un mourant n'a-t-ıl pas, plus que tout autre, droit à la vérité ?

Mourir peut être la chance d'assumer pour la dernière fois - ou peut-être la première - la pleine humanité qui est la suprême preuve de liberté de la personne. Le mourant peut, soit essayer encore une fois, par défi et par affirmation de lui-même, de lutter, soit s'abandonner librement, avec une pleine confiance et sans arrière-pensées, à une plus haute instance. Il est libre de rester buté sur son ancienne façon de voir, de s'accrocher à son droit naturel à la vie et de s'entêter dans son manque de foi. Mais il lui est possible aussi, avec l'intuition de la grâce et du sens plus haut qui le touchent à ce moment précis, de s'ouvrir sans réserve à ce qui lui est encore inconnu à lui-même. Il lui est loisible de se fermer et de se durcir dans un non définitif à ce qui lui advient. Mais il peut aussi se livrer consciemment, par sa dernière étincelle de liberté, au flot de l'amour infini dont la puissance l'entraîne déjà.

Au-dessus de tout le déroulement insondable du mourir luit inexorablement, dans son exigence et sa promesse, la froide étoile de la vérité. C'est la vérité de l'infini, la fin de l'origine qui entraînait le fini. Parce que c'est cette vérité, l'homme ne peut pas, à ce moment, l'éprouver seulement comme un dur appel. Il y sent aussi la promesse d'une délivrance qui le porte vers un nouvel Etre. Certes, l'approche de la mort fait paraître encore une fois sur la scène le moi qui s'accroche à la vie. Mais c'est justement l'instant où le guide, sans craindre la souffrance, doit faire résonner la voix pressante de la vérité. Quelle que soit la manière dont le mourant considère ce qui lui advient, l'heure de cette vérité est là. Peut-être cela seul lui donnera-t-il la liberté de répondre le oui après lequel il sentira que la mort proche, en détruisant toutes les barrières, ouvre la porte à l'amour, souverainement libérateur, qui peut maintenant affluer en lui. Déjà une allusion à la vérité peut, après un moment de frayeur, amener l'ETRE à la conscience et dissiper la terreur de la mort.

Je n'oublierai jamais ce qui m'est arrivé dans une circonstance de cet ordre. Après une grave opération, un de mes amis se trouvait près de mourir. Les médecins, qui le savaient parfaitement, lui assuraient qu'il pourrait quitter l'hôpital dans le courant des semaines suivantes, puis se préparer à une nouvelle opération qui, cette fois, lui rendrait la santé. Ses proches, qui le veillaient, m'accueillirent avec cette nouvelle. En entrant dans la chambre du malade, je m'aperçus que ce n'était pas vrai.

Cet homme était déjà marqué par la mort. Je fis sortir sa femme afin d'être seul avec lui. Il me dit qu'il espérait pouvoir faire bientôt une conférence prévue, ou tout au moins dicter à temps son texte et le faire lire par quelqu'un d'autre. Ses paroles laissaient percer le mensonge que lui-même pressentait. Je pris alors mon courage à deux mains : « Cher ami, lui dis-je, je crois que vous feriez mieux, plutôt que de penser à votre conférence, de vous détacher de tout et d'atteindre le point qui se trouve au-delà de la vie et de la mort. Ecoutez bien, répétai-je, au-delà de la vie et de la *mort.* » Ces mots eurent un effet saisissant. Il ferma les yeux. Une nouvelle vie apparut sur son visage. A la couleur cendrée de son teint succéda une faible rougeur et son visage se mit à rayonner. Il rouvrit les yeux puis, avec une expression de paix infinie, il me tendit la main et dit simplement : « Merci ». Puis il referma les yeux et je sortis pour informer sa femme qu'elle ne pouvait plus compter que sur un répit de quelques jours. Cet homme ne craignait pas la mort. Il pouvait s'y préparer avec un esprit ouvert car il avait atteint la maturité. Et on lui gâchait sa mort. Plus approchait l'instant du passage, au moment donc où il avait besoin du plus grand calme, d'un paisible tête à tête avec la compagne de sa vie - et surtout pour lui-même de silence, de silence, de silence -, plus se multipliaient les allées et venues affairées des infirmières et des médecins. On apporta les appareils techniquement destinés à prolonger de quelques heures la vie purement physique. Ainsi, au dernier moment, on dérobait à cet homme la seule chose qu'il puisse encore dire sienne : sa mort.

Pourquoi ne laisse-t-on pas les hommes mourir en paix quand l'instant est venu ? Pourquoi leur rendre si difficile d'entrer par la mort dans leur pays céleste et dans l'illumination d'une nouvelle Vie ?

Epilogue

Notre origine est double, infinie et finie, céleste et terrestre. Cependant où sommes-nous réellement chez nous ?

Il existe une expérience de retour d'exil vers la patrie, du contingent du monde vers l'infini supra-terrestre. Elle se produit sans motif, en un brusque éveil, comme une expérience salvatrice, dans la détresse de la mort, le désespoir ou la désolation de la vie. Elle est la connaissance soudaine d'une Vie immanente en nous au-delà de la vie et de la mort, des ténèbres et de la lumière, de la solitude et de la communauté. Il existe une expérience de l'origine céleste comme de notre véritable patrie, dont nous prenons conscience quand nous devenons capables de nous libérer de l'emprise du moi existentiel et d'accueillir ce dont il nous sépare. Il nous sépare de notre Etre essentiel participant à la Vie qui, en nous et par nous, voudrait se manifester dans le monde comme une force créatrice et libératrice, comme une conscience et un amour qui ne sont pas de ce monde.

Nous sommes, par notre essence, enfants de l'Etre divin, citoyens du royaume qui n'est pas d'ici-bas, frères du Seigneur. Nous pouvons en devenir conscients, bouleversés et heureux, libres pour une nouvelle responsabilité. Pour cela il faut nous affranchir de la suprématie de l'instance qui, en nous, s'isole et se sépare de la patrie primordiale de notre nature profonde. C'est le moi, qui se différencie et dit : « Je suis moi et je veux le rester », et, de sa position de moi, fait de tout ce qu'il perçoit un objet en face de lui (Gegen-Stand). Le moi qui fixe et qui circonscrit et définit tout ce qu'il rencontre, et cela même qui, par nature, échappe à toute définition. La volonté de durer de ce moi fait obstacle à toute transformation. Il s'oppose à la loi fondamentale de la vie, à l'éternel « meurs et deviens », à l'incessante éclosion et disparition, et il *est* ainsi le péché contre la Vie. Dans la conscience centrée en ce moi l'infini se fige dans le fini. Elle voile le supra-naturel, l'Etre au-delà de l'espace et du temps. Ce n'est pas parce qu'elle est mortelle que notre vie est finie, car dans le « meurs et deviens » de la feuille vit aussi l'arbre éternel. Et ce qui nous semble opposé et fini *est* l'infini, l'UN vu à travers le prisme du moi qui divise. Ainsi l'origine finie n'est rien d'autre que le produit de ce moi, la façon dont l'infini se cache aux yeux du moi profane.

« L'origine finie » ne concerne pas le fait que des parents de chair nous aient engendrés. Dans ce cas toute la plénitude du monde terrestre serait « d'origine terrestre ». Non, la terre elle-même est d'origine céleste. *Dans* son « deviens - meurs - deviens » elle est justement le témoignage de la VIE éternelle. L'origine finie de l'homme est le saut par lequel, dans la conscience humaine, l'infini se fige en indéfini, l'absolu se cache dans le contingent du temps et de l'espace, l'ETRE dans le moi profane. L'existence finie n'est pas uniquement l'opposé de l'ETRE infini. Elle est aussi le lieu où sa manifestation, voilée sous la condition humaine et à travers le tourment de cette occultation, se révèle selon le mode humain.

Pourtant, béni sois-tu, moi pécheur. Comment sans toi, sans la souffrance de la séparation, connaîtrais-je ce que tu dissimules, mon origine infinie ? Où pourrais-je, sinon dans ton monde infidèle, prouver ma fidélité à la patrie, à l'infini, et témoigner de l'Unique qui est ?

Seule la souffrance causée par le fini rend conscient l'infini. Seule l'aspiration vers l'infini rend le fini conscient de lui-même. Et tous deux, en une totalité vivante, deviennent expérience, promesse et vocation de leur manifestation dans la forme humaine.

TABLE DES MATIÈRES

« *Spiritualités vivantes* »
Collection fondée par Jean Herbert

au format de poche

DERNIERS TITRES PARUS

141. *Traces de lumières, paroles initiatiques soufies,* de F. Skali.
142. *Aux sources de la joie,* de Mâ Ananda Moyî, traduction et préface de J. Herbert.
143. *Temps et prières* de Al-Ghazâlî.
144. *L'Enfant de pierre et autres contes bouddhistes,* de Thich Nhat Hanh.
145. *Le Livre du dedans*, de Rûmî.
146. *Trois mystiques grecs, Orphée, Pythagore, Empédocle,* de S. Jacquemard.
147. *Le Miroir des âmes simples et anéanties*, de M. Porete.
148. *Présence de Râm,* de Swâmî Râmdâs, trad. de J. Herbert.
149. *Traité du Vide parfait*, de Lie Tseu, trad. de J.-J. Lafitte.
150. *Les Illuminations de La Mecque*, d'Ibn Arabî, traduction sous la direction de M. Chodkiewicz.
151. *Le Silence foudroyant*, de Thich Nhat Hanh, traduction de Z. Bianu.
152. *Comme un éclair déchire la nuit*, du Dalaï-Lama.
153. *Jung et la question du sacré*, d'Y. Tardan-Masquelier.
154. *La Religion des Chinois*, de M. Granet.
155. *La Saveur du Zen. Poèmes et sermons d'Ikkyû et de ses disciples,* traduits et présentés par M. et M. Shibata. (Inédit)
156. *L'Étincelle de l'âme, Sermons I à XXX*, de Maître Eckhart, traduits et présentés par G. Jarczyk et P.-J. Labarrière. (Inédit)
157. *Poèmes mystiques*, de Hallaj.
158. *Sagesses de la mort*, de Z. Bianu.
159. *Polir la lune et labourer les nuages*, de Maître Dôgen, anthologie présentée par J. Brosse. (Inédit)
160. *L'Éveil subit,* de Houei-hai suivi de *Dialogues du Tch'an*, traduits et présentés par M. et M. Shibata.
161. *L'Imitation de Jésus-Christ*, trad. par P. Corneille.

162. *Dieu au-delà de Dieu, sermons XXXI à LX,* de Maître Eckhart, traduits et présentés par G. Jarczyk et P.-J. Labarrière. (Inédit)
163. *Zen et Occident*, de J. Brosse.
164. *Dialogue sur le chemin initiatique*, de K. G. Dürckheim et A. Goettmann.
165. *Prendre soin de l'être,* de J.-Y. Leloup.
166. *Transformation et guérison,* de Thich Nhat Hanh.
167. *La Lumière du Satori,* d'E. de Smedt.
168. *Job sur le chemin de la Lumière,* d'A. de Souzenelle.
169. *Le Chœur des Prophètes. Enseignements soufis* du Cheikh Adda Bentounès.
170. *Guérir du malheur,* de L. Basset.
171. *Le Pouvoir de pardonner,* de L. Basset.
172. *L'Esprit du Ch'an, Aux sources chinoises du zen,* de T. Deshimaru.
173. *Passerelles. Entretiens avec des scientifiques sur la nature de l'esprit,* du Dalaï-Lama.
174. *Le recueil de la falaise verte*, kôans et poésies du Zen, traduit et présenté par M. et M. Shibata. (Inédit)
175. *L'Islam au féminin. La femme dans la spiritualité musulmane,* d'A. Schimmel.
176. *Et ce néant était Dieu..., sermons LXI à XC,* de Maître Eckhart, traduits et présentés par G. Jarczyk et P.-J. Labarrière. (Inédit)
177. *L'Évangile de Marie-Myriam de Magdala,* de J.-Y. Leloup.
178. *Le Féminin de l'être. Pour en finir avec la côte d'Adam,* d'A. de Souzenelle.
179. *Dictionnaire des symboles musulmans*, de M. Chebel.
180. *Etty Hillesum*, de P. Lebeau.
181. *Bernard de Clairvaux*, de M.-M. Davy.
182. *Les Maîtres Zen*, de J. Brosse.
183. *Les Psaumes,* traduits et présentés par P. Calame et F. Lalou.
184. *La Rencontre du bouddhisme et de l'Occident,* de F. Lenoir.
185. *Moïse, notre contemporain*, de J. Blot.
186. *Mahomet*, de S. Stétié.
187. *Le rêve du papillon*, de Tchouang Tseu.

188. *Entre source et nuage*, de F. CHENG.
189. *Dietrich Bonhoeffer*, d'A. CORBIC.
190. *La Voie de la perfection*, de B. ELAHI.
191. *La Rose aux treize pétales*, d'A. STEINSALTZ.
192. *Le Vin mystique et autres lieux spirituels de l'islam*, de S. STÉTIÉ.
193. *Comprendre le Tao*, de I. ROBINET.
194. *Le Coran*, de J. BERQUE.
195. *Introduction au Talmud*, d'A. STEINSALTZ.
196. *Épictète et la sagesse stoïcienne*, de J.-J. DUHOT.
197. *La Spiritualité orthodoxe et la Philocalie*, de P. DESEILLE.
198. *Confucius*, de J. LEVI.
199. *Teilhard de Chardin*, d'É. de la HÉRONNIÈRE.
200. *« Moi je ne juge personne ». L'Évangile au-delà de la morale*, de L. BASSET.
201. *L'Évangile de Philippe*, de J.-Y. LELOUP.
202. *Essais sur le bouddhisme zen*, de D. T. SUZUKI.
203. *Le Trésor du zen*, textes de Maître Dôgen commentés par T. DESHIMARU.
204. *La Prière en Islam*, E. de VITRAY-MEYEROVITCH.
205. *Cabale et Cabalistes*, C. MOPSIK.
206. *Jacques, frère de Jésus*, de P.-A. BERNHEIM.
207. *Les Dits du Bouddha. Le Dhammapada.*
208. *À Bible ouverte. Le livre de la Genèse : de la Création à Caïn*, de J. EISENBERG et A. ABÉCASSIS.
209. *L'Enseignement de Mâ Ananda Moyî,* trad. par J. HERBERT.
210. *Tantra Yoga,* trad. et prés. par D. ODIER.
211. *La Joie imprenable,* de L. BASSET.
212. *Jésus, illustre et inconnu*, de J. PRIEUR et G. MORDILLAT.
213. *Enseignements sur l'amour*, de THICH NHAT HANH.
214. *Hillel*, de M. HADAS-LEBEL.
215. *Psychologie du yoga de la Kundalinî*, de C.G. JUNG.
216. *La Nuit privée d'étoiles* suivi de *La Paix monastique*, de T. HERTON.
217. *Rachi de Troyes*, de S. SCHWARZFUCHS.
218. *L'Enseignement de Ramana Maharshi*, trad. E. BRAITENBERG.
219. *Les Quatrains d'Omar Khayyam*, traduits et présentés par O. ALI-SHAH.
220. *Cent kôans zen*, commentés par N. SENZAKI.

221. *Lévinas, la vie et la trace*, de S. MALKA.
222. *Le Mahâbhârata*, conté selon la tradition orale.
223. *Le Râmâyana*, conté selon la tradition orale.

Reproduction photomécanique et impression
Bussière, janvier 2006
Éditions Albin Michel
22, rue Huyghens, 75014 Paris
www.albin-michel.fr

ISBN 2-226-08541-6
ISSN 0755-1835
N° d'édition : 24190. – N° d'impression : 060191/1.
Dépôt légal : mars 1996.
Imprimé en France.